广西城市轨道交通车辆技术示范特色专业系列教材

城市轨道交通列车电气设备检修

主　编　马汉林
副主编　姚明阳　陈桂平　侯娜娜
主　审　陈文景　黄振胜

西南交通大学出版社
·成　都·

图书在版编目（CIP）数据

城市轨道交通列车电气设备检修 / 马汉林主编. —成都：西南交通大学出版社，2022.5
广西城市轨道交通车辆技术示范特色专业系列教材
ISBN 978-7-5643-7949-0

Ⅰ. ①城… Ⅱ. ①马… Ⅲ. ①城市铁路－轨道交通－列车－电气设备－设备检修－高等职业教育－教材 Ⅳ. ①U239.5

中国版本图书馆 CIP 数据核字（2020）第 269663 号

广西城市轨道交通车辆技术示范特色专业系列教材
Chengshi Guidao Jiaotong Lieche Dianqi Shebei Jianxiu
城市轨道交通列车电气设备检修

主　编 / 马汉林
责任编辑 / 穆　丰
封面设计 / 吴　兵

西南交通大学出版社出版发行
（四川省成都市金牛区二环路北一段 111 号西南交通大学创新大厦 21 楼　610031）
发行部电话：028-87600564　　028-87600533
网址：http://www.xnjdcbs.com
印刷：四川森林印务有限责任公司

成品尺寸　185 mm × 260 mm
印张　7.5　　字数　180 千
版次　2022 年 5 月第 1 版　　印次　2022 年 5 月第 1 次

书号　ISBN 978-7-5643-7949-0
定价　25.00 元

课件咨询电话：028-81435775
图书如有印装质量问题　本社负责退换

前　言

本书根据教育部相关教学标准要求，在作者认真学习领会有关文件的基础上，结合当前职业教育发展和城市轨道交通行业发展的实际情况编写而成。全书具有如下特色：

（1）编写过程中突破传统教科书式的编写模式，形式上突出“知识、能力、素养”一体化教学思想，内容上注重理论与实操相结合，重在理论学习的过程中通过实操训练进一步掌握核心知识点，落实了职业能力与职业素养的培养。

（2）主要内容分为三个项目，共计十三个学习任务，涵盖了城市轨道交通车辆电气系统（牵引系统、辅助系统及控制系统）中常见的电气设备。

（3）在分析企业岗位技能要求的基础上进行任务设置：结合本书教学目标，强调以学生为中心，突出职业教学培训的特点；结合高职学校学生特点，设计了包括任务要求、任务准备、任务实施、任务考核 4 个环节，突出本书的实用性。融入轨道交通车辆检修、轨道交通电气设备装调“1+X”证书要求，加强与现场岗位技能的对接。

（4）充分利用现代教学技术理论知识，图文并茂，简洁易懂，任务实施以技能培养为主线，将“学、练、做、考”相结合，可操作性强。

（5）编写全过程体现了“工学结合、校企合作”的理念，由行业专家、一线技术骨干全面参与本书的评审。

本书由柳州铁道职业技术学院马汉林担任主编，姚明阳、陈桂平、侯娜娜担任副主编，南宁轨道交通集团有限责任公司陈文景、黄振胜担任主审。具体编写分工为：项目一由柳州铁道职业技术学院马汉林、姚明阳编写，项目二由柳州铁道职业技术学院侯娜娜编写，项目三由柳州铁道职业技术学院陈桂平编写，任务考核单由柳州铁道职业技术学院周文广、蒋常升负责，拓展任务由柳州铁道职业技术学院李运延编写完成。

本书在编写过程中，得到了深圳地铁、南宁地铁等公司的大力支持，在此向提供帮助的有关专家表示衷心的感谢。

由于我国城市轨道交通发展迅速，技术设备也在不断改进更新，书中资料和相关数据与现场车辆设备难免存在差异，再加上编者水平所限，书中不妥之处敬请读者多提宝贵建议。

编　者

2022 年 3 月

目　录

项目一

列车牵引系统电气设备检修

电动列车牵引系统的主要作用是完成列车的牵引、制动和控制，主要设备包括受流器、高速断路器、VVVF（可变电压与可变频率）逆变器、制动电阻器、牵引电机、接地装置等。

列车在牵引状态时，DC 1 500 V 电源从受电弓进入高压电器箱，经三位置隔离开关、高速断路器、熔断器，送至牵引系统电路等设备进行电量变换后，驱动并联的 4 台三相交流牵引电机工作，从而驱动列车运行。

列车在制动状态时，牵引电机快速旋转产生的交流电，除向接触网供电外，多余的电能经过牵引逆变器变换为直流电消耗在制动电阻上，达到制动的目的。

任务一　受电弓的检修

任务要求

（1）了解受电弓的结构原理及技术参数。

（2）掌握受电弓的检修及测量。

（3）掌握受电弓常见故障的处理方法。

任务准备

受电弓实物、仪器仪表、多媒体设备等。

任务实施

一、受电弓的结构、工作原理及技术参数

（一）受电弓的结构

受电弓是一种通过空气回路控制升、降动作的铰接式机械构件。受电弓从接触网上集取电流，并传送到车辆电气系统。受电弓主要应用于城轨车辆，通过支撑绝缘子安装于车

顶，并通过弓头上的碳滑板与供电网线接触，由气囊充气与放气实现受电弓的升降动作，具有较高的稳定性。

受电弓组成包括：弓头、上框架、下臂杆、拉杆、导流线、底架、绝缘子、平衡杆、气阀箱，如图 1-1-1 所示。

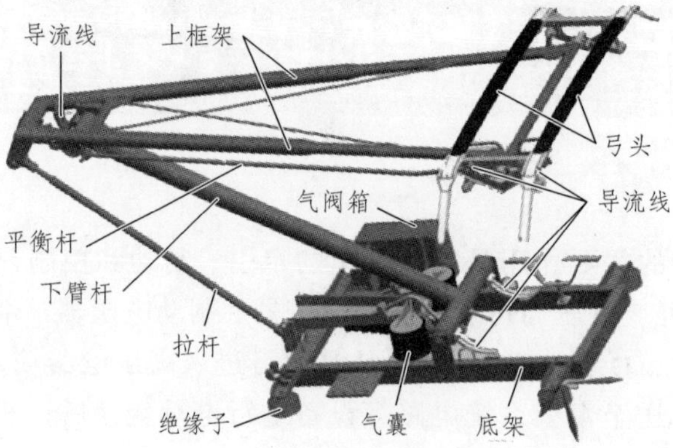

图 1-1-1　受电弓结构

（二）受电弓工作原理

受电弓的主要功能是从额定电压为 DC 1 500 V 的接触网上获取电源，从而向整个列车电气系统供电；同时还通过列车的再生制动系统将列车的动能转换为电能，然后回馈给接触网并供给其他在线列车的使用，起到双向传递枢纽的作用。

1. 受电弓的受流原理

受电弓升起后与接触网接触，从接触网上获取电流，并将电流传送到车辆电气系统。接触网的电流首先由碳滑板流入受电弓弓头，然后依次经过上框架、下臂杆后流入底架，最后经连接在受电弓底架上的车顶母线导入车辆电气系统。

2. 受电弓升弓原理

受电弓通过空气回路控制升、降弓动作。

司机在司机室按下受电弓升弓按钮后，受电弓供风单元内的升弓电磁阀得电动作，向受电弓提供压缩空气；压缩空气经过车内的管路、车顶的受电弓绝缘软管，进入受电弓底架上的气阀箱；进入气阀箱的压缩空气依次经过空气过滤阀 1、单向节流阀 2（用于调节升弓时间）、精密调压阀 3（用于调节接触压力）、单向节流阀 5（用于调节降弓时间）、安全阀 4 后分为两条支路分别向受电弓的两个升弓气囊 6 供气；压缩空气进入升弓气囊后，气囊膨胀抬升，抬升的气囊带动钢丝绳拉拽下臂杆，使下臂杆转动，从而实现受电弓逐渐升起，直到受电弓弓头的碳滑板 10 与网线接触并保持规定的静态接触压力。此时升弓气囊中的气压稳定在气阀箱内精密调压阀的设定值。当受电弓碳滑板破裂或磨损到极限引起受电弓气路泄露时，ADD 自动降弓装置（快速排气阀 7、试验阀 9、关闭阀 8）保证受电弓迅速有效的降下，避免受电弓与接触网之间的进一步破坏。受电弓气路工作原理如图 1-1-2 所示。

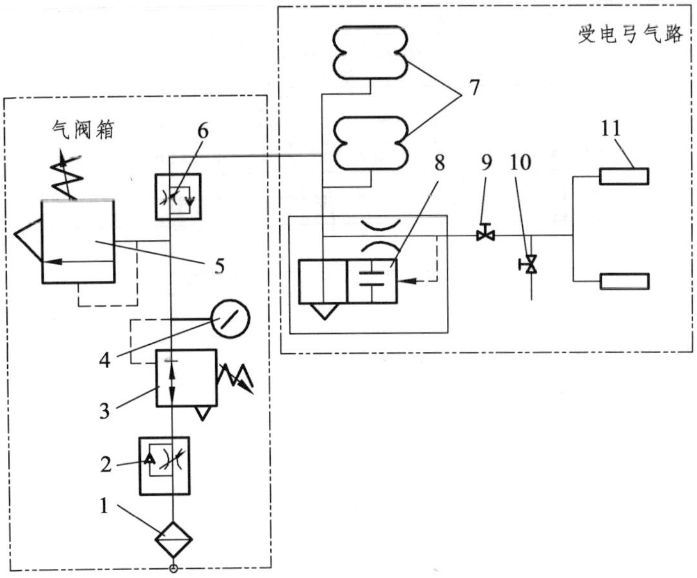

图 1-1-2　受电弓气路工作原理

3. 受电弓保持原理

受电弓处于工作状态时，升弓气囊被持续供以压缩空气，弓头与接触网之间的接触压力保持基本恒定。

4. 受电弓降弓原理

司机在司机室按下降弓按钮后，升弓电磁阀失电，向受电弓供应的压缩空气被切断，同时，升弓电磁阀将受电弓气路与大气连通，气囊升弓装置排气，受电弓靠自重下降，并保持在底架的两个橡胶止挡上。

受电弓升降弓控制框图如图 1-1-3 所示。

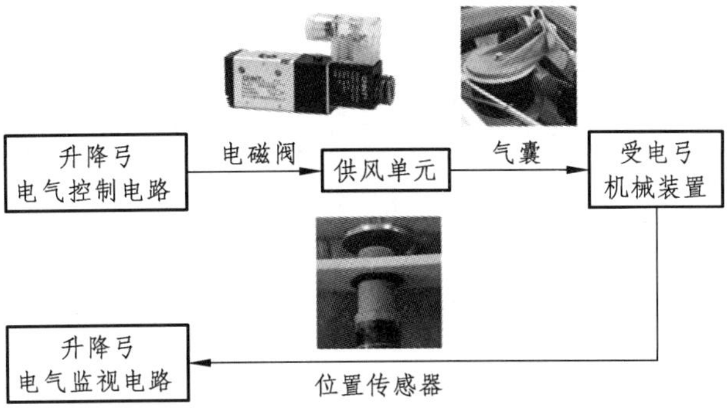

图 1-1-3　受电弓升降弓控制框图

受电弓气阀箱是受电弓供风单元与升弓气囊间的空气控制部件，安装在受电弓的底架上。受电弓气阀箱内安装有升降弓节流阀、精密调压阀等部件，用于调整受电弓的升降弓时间及接触压力。

受电弓气阀箱组成：空气过滤器 1；升弓单向节流阀 2；精密调压阀 3；降弓单向节流阀 4；安全阀 5，如图 1-1-4 所示。

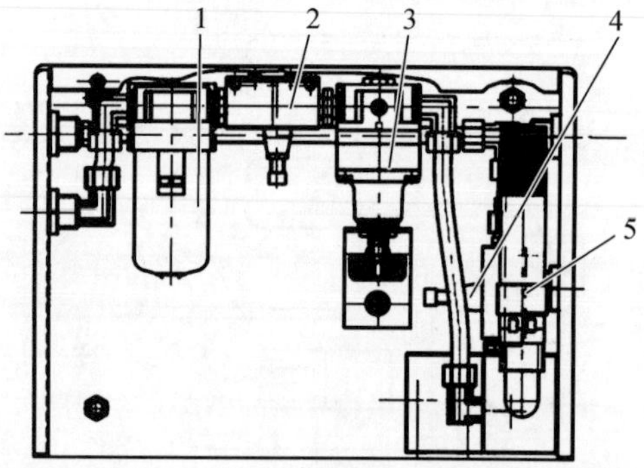

图 1-1-4　受电弓气阀箱内部

（1）空气过滤器：将受电弓供风单元来的压缩气体中的水雾分离出来，保证提供的压缩空气是干燥且纯净的。

（2）升弓单向节流阀：通过控制进入气囊的压缩气体的节流量来调整受电弓升弓时间。调节方法：松开锁紧螺母，顺时针旋转调节螺母增加节流量延长升弓时间，逆时针旋转调节螺母减小节流量缩短升弓时间，调好后重新紧固锁紧螺母。

（3）精密调压阀：能为受电弓提供恒定的压缩空气，用于调节受电弓与接触网的接触压力。调节方法：松开锁紧螺母，顺时针旋转调节增加接触压力，逆时针旋转调节减小接触压力，调好后重新紧固锁紧螺母。

（4）降弓单向节流阀：通过控制排出气囊的压缩气体的节流量来调整受电弓降弓时间。调节方法：松开锁紧螺母，顺时针旋转调节螺母增加节流量以延长降弓时间，逆时针旋转调节螺母减小节流量以缩短降弓时间，调好后重新紧固锁紧螺母。

（5）安全阀：如果精密调压阀出现故障，安全阀就会起到保护气路的作用。

（三）受电弓的技术参数

TSG18G（05）型受电弓技术参数如表 1-1-1 所示。

表 1-1-1　TSG18G（05）型受电弓技术参数

参数名称	参数值	参数名称	参数值
额定电压/V	DC 1 500	滑板宽度/mm	60
电压范围/V	DC 1 000 ~ 2 000	滑板材质	浸金属碳
额定工作电流/A	1 500	标称静态力/N	120±10
最大工作电流/A	2 160	静态力的可调节范围/N	100 ~ 140
车辆静止时最大电流（30 s）/A	416	额定工作气压/kPa	约 550
工作环境温度/°C	−25 ~ +40	气源的工作压力/kPa	430 ~ 1 000
运行速度/（km/h）	120	颜色	RAL3020 交通红
折叠高度（包括绝缘子）/mm	310+10	升弓时间/s	≤8
最低工作高度（从落弓位置滑板面起）/mm	175	降弓时间/s	≤7
最高工作高度（从落弓位置滑板面起）/mm	1 600	质量（包括支持绝缘子）/kg	≤140

续表

参数名称	参数值	参数名称	参数值
最大升弓高度（从落弓位置滑板面起）/mm	≥1 700	安装尺寸（四点）/mm	（1 100±1）×（900±1）
绝缘子高度/mm	80	电气间隙/mm	≥32
弓头长度/mm	1 550±10	气路接口	G1/4
弓头宽度/mm	325±3	最小工作高度 140 mm 时，受电弓前后高差/mm	≥40
弓头高度/mm	240±10	电气区域/mm	≤290
滑板长度/mm	950±1		

二、受电弓的检修与测量

受电弓是主电路系统从接触网取流的重要部件，须对受电弓进行定时检修与维护，并按照不同使用时间和修程进行必要的保养，保证受电弓的稳定性。表 1-1-2 所示为受电弓检修内容及标准。

（一）受电弓的检修

受电弓的检修内容如表 1-1-2 所示。

表 1-1-2　受电弓的检修内容及标准

检修内容	检修标准	日检	双周检	三月检	年检
受电弓清洁和检查	（1）清除顶部碎屑及杂物并擦洗绝缘子，检查绝缘子的外观，应良好、无裂纹和缺损。 （2）清洁避雷器、高压电缆，外观无裂纹和缺损，如避雷器压力脱扣动作，则更换避雷器。 （3）擦拭干净降弓位置指示器的绝缘安装板上、下表面及感应器上表面。 （4）检查绝缘漆，应无破损、鼓包情况		√	√	√
检查弓角、弓头悬挂装置、碳滑板安装、上框架、下臂杆、拉杆、平衡杆、降弓位置指示器、底架	（1）检查弓角外观，要求紧固完好、无损坏、无裂纹、紧固件划线清晰无错位。 （2）弓头悬挂装置和上框架顶管间的连接无松动，划线清晰且无错位。 （3）检查弓头橡胶止挡、平衡杆止挡是否托住弓头和碳滑板托架，紧固件划线清晰且无错位。 （4）检查碳滑板安装螺栓安装情况，要求紧固无松动，划线清晰且无错位。 （5）检查降弓位置指示器，外观应良好，安装紧固无松动，划线无错位。 （6）检查受电弓下臂杆、铰链、拉杆、平衡杆、底架等主要部件，无受损、裂纹、缺失或变形的零件，相互之间无机械干涉，紧固螺栓无松动，划线清晰且无错位		√	√	√

续表

检修内容	检修标准	日检	双周检	三月检	年检
降弓位置指示器测量	检查传感器与感应板间隙，保持两平面平行，二者间距为 6～10 mm		√	√	√
检查受电弓弓头及碳滑板表面	（1）在受电弓升起不触碰接触网情况下，检查受电弓弓头，确保其能够绕上框架在止挡杆限定范围内自由转动，轴套无卡死。 （2）检查碳滑板摩擦面，应光滑无缺损，若出现断裂、裂纹则需要更换；检查碳滑板凹槽，槽深度超过 5 mm 且不能圆滑过渡，或表面出现电蚀点时，则需打磨碳滑板。碳滑板更换标准：碳滑板的碳层上如果出现裂纹，且裂纹上任何点距滑板侧边距离小于 10 mm 或裂纹长度大于 100 mm 时，须更换碳滑板；碳滑板崩缺口超过 100 mm，厚度超过碳滑板厚度的 35%，宽度超过 40% 时，需要更换碳滑板。若更换了碳滑板，需重新调节受电弓静态接触压力（120±10 N）及升降弓时间，其中升弓时间≤8 s（7.5～8 s），降弓时间≤7 s（6.5～7 s）		√	√	√
测量并记录碳滑板厚度	测量并记录碳滑板厚度，要求测量时游标卡尺完全卡进，碳滑板整体厚度应大于 26 mm（需满足碳滑板碳层厚度高出金属支架部分 6 mm）		√	√	√
检查导流线	检查导流线（弓头电流连接组装、肘接电流连接组装、底架电流连接组装）外观情况及其紧固螺栓的紧固情况，要求螺栓紧固，接线头及连接导线无损坏，导流线不应被拉紧，不与其他部件干涉，划线清晰无错位，编织线无扭曲；若单股的 1/2 及其以上部位出现断裂或超过整条编织线的 10%出现单根断裂现象时，必须更换		√	√	√
气囊升弓装置、系统阻尼器、阀箱及气路检查、避雷器	（1）检查升弓气囊外观，要求气囊无裂纹；检查升弓装置钢丝绳及组件，要求钢丝绳在导槽内，导槽勾环无损害变形，钢丝绳无断股、散股，如有超过 1/2 股钢丝断裂或钢丝断裂的总根数超过 1/2 股时，必需更新钢丝绳。 （2）检查截止阀手柄位置，应处于连通位（与管路平行）。 （3）检查实验阀手柄位置，应处于截止位（与管路垂直）。 （4）检查缓冲阻尼装置，外观应无异常、损坏。 （5）检查受电弓软管，接头连接应紧固无松动、松弛，紧固件划线无错位，捆绑扎带排列整齐。 （6）检查气阀箱，外观应无损坏，螺栓应紧固无松动。 （7）检查避雷器、高压电缆，安装紧固，避雷器、高压电缆外观无裂纹和缺损，紧固螺栓无松动		√	√	√
钢丝绳	清洁钢丝绳并涂脂（凡士林润滑脂）			√	√

续表

检修内容	检修标准	日检	双周检	三月检	年检
检查并调节受电弓和接触网的接触压力	测量并调节受电弓与接触网接触压力（120±10 N）（气源的工作压力＞600 kPa）和落弓保持力（使上框架顶管离开橡胶止挡约 5 mm 时的垂直力）≥150 N			√	√
检查并清洁轴承	检查轴承是否运动自如，如果出现卡滞现象，须进行清洁			√	√
测量并调节升降弓时间	（1）检查受电弓升降弓功能是否正常，测量两个受电弓升降弓时间（气源的工作压力应大于 600 kPa），其中升弓时间≤8 s（7.5～8 s），降弓时间≤7 s（6.5～7 s）。 （2）目视受电弓两端，其升降弓时间及动作应基本同步			√	√
检查气管接头气密性	升起受电弓，使用肥皂水检查管路接头气密性			√	√
测量止挡杆至碳滑板下表面的距离	用支架支起受电弓，在高度约为 500±50 mm 处，检查止挡杆是否水平，按压碳滑板至水平时测量止挡杆至碳滑板下表面的距离，需两边大于 15 mm				√
测量绝缘阻值	确认三位置开关处于接地位，用 2 500 V 兆欧测量受电弓高压线排处对地的绝缘阻值，阻值须大于 5 MΩ				√
高压部件与接地处和车体之间的距离	受电弓底架最低点与车体绝缘漆之间的垂直距离应高于 32 mm				√
检查气阀箱状态	打开气阀箱，检查内部是否有积水或异物，阀体是否正常，确保内部紧固件划线清晰且无错位，内部接头应无漏气；检查完成后，重新紧固螺栓划线				√
干燥过滤器排水	对受电弓气阀箱里的空气过滤器进行手动排水，使过滤器内无积水				√
车顶区域清洁	对列车受电弓下方的车顶区域进行清洁				√

（二）受电弓的测量

1. 测量受电弓碳滑板厚度

测量碳滑板最低点厚度：要求测量时游标卡尺完全卡进碳滑板上表面最低点，碳滑板整体厚度（碳滑板上表面至滑板底座底部）应大于 26 mm（需满足碳滑板碳层厚度高出金属支架部分 6 mm）。

测量碳滑板中心厚度：将游标卡尺卡进碳滑板中部进行测量。

测量碳滑板中部左/右距离 100 mm 厚度：将游标卡尺卡进碳滑板中部进行测量。

测量碳滑板中部左/右距离 200 mm 厚度：将游标卡尺卡进碳滑板中部进行测量。

图 1-1-5　受电弓碳滑板厚度测量

2. 测量受电弓接触压力

测量方法：使风压处于 600 kPa 以上，将弹簧秤有钩一端挂在受电弓弓头横杆中点处，垂直下拉，慢慢将弓头与接触网拉开，要求弓头横杆距离车顶上、中、下位置约为 1 200 mm、800 mm、500 mm，并记录稳定时的弹簧秤读数。

标准：弹簧秤的读数应在 120±10 N 范围内。

调整方法：通过气阀箱内精密调压阀 R 调节气囊气压。

3. 测量受电弓升降弓时间

测量方法：以额定工作压力使气囊供风，测量受电弓由落弓位升起到最高工作高度 1 600 mm 的升弓时间 T_s，以及由最高工作高度 1 600 mm 下降到落弓位的降弓时间 T_j。升、降弓时间是指从弓头起动瞬间直至弓头停止不动的时间。

标准：秒表显示升弓时间应满足 $T_s \leqslant 8$ s，降弓时间应满足 $T_j \leqslant 7$ s。

4. 测量受电弓降弓位置传感器间隙

检查受电弓降弓位置传感器，安装应紧固无松动，使用塞尺测量传感器与感应板的间隙，应为 6 ~ 10 mm。

5. 测量最大升弓高度

对受电弓供风，当弓头离开橡胶止挡并完全无障碍地升起后，最大升弓高度即为受电弓弓头的任意一点在垂直方向上运行的实际距离。

测量方法：用卷尺测量橡胶止挡上表面与上框架顶管下表面距离。

设计值：1 700 mm。

升弓高度小于设计值时，可将钢丝绳上的并紧螺母向里旋或缩短拉杆长度；升弓高度大于设计值时，可将钢丝绳上的并紧螺母向外旋或缩短拉杆长度。

调整方法：使用两套扁扳手调整气囊升弓装置上钢丝绳的拉紧程度和拉杆长度。

6. 检查落弓保持力

落弓保持力为受电弓保持在橡胶止挡上的力。

测量方法：气囊装置应排气，受电弓处于落弓位，用 10 ~ 300 N 的测力计[H003]加挂于受电弓上框架顶管中央位置，测量使上框架顶管离开橡胶止挡约 5 mm 时的垂直力。

三、受电弓常见故障及处理方法

表 1-1-3　受电弓故障原因及处理方法

故障	直接原因	处理方法
碳滑板磨损过度	1. 均匀磨损显示运行正常	必要时更新滑板
	2. 碳滑板上出现凹槽	由接触线导致，更新碳滑板
	3. 刃部有冲击	接触线上有故障，更新碳滑板
弓头与接触线产生电弧	1. 接触压力低	检查受电弓机车供风气压，如果气压低于 500 kPa，需重新调整气压值
		气动元件出现故障，检查和更新故障的气动元件
	2. 弓头转动不灵活或变形	检查弓头是否能够灵活摆动，维修或必要时更换弓头
	3. 采用了新的接触线	光整接触线
无法升弓	1. 控制电路故障	检查控制升弓电磁阀的电路是否故障
	2. 气路故障	检查气路各阀开关状态是否正常
		检查气路是否泄漏或堵塞，更换故障的元件
		检查受电弓气路压力和车辆供风压力是否正常
	3. 升弓气囊缺陷	检查升弓气囊和固定装置，必要时修理或更换
	4. 轴承故障	检查轴承，必要时润滑轴承或更新
升弓不能保持	1. 气路故障	检查气路是否泄露
		检查受电弓气路压力和车辆供风压力是否正常，更换故障的元件
	2. 升弓气囊缺陷	检查气囊是否有泄漏现象和固定装置，必要时修理或更换
无法降弓	1. 控制电路故障	检查控制电路是否存在通断故障
	2. 气囊缺陷	检查升弓气囊，必要时更换升弓气囊

四、知识拓展

（一）单臂受电弓与双臂受电弓的区别

双臂受电弓结构对称，侧向稳定性好，但结构复杂，调整困难。

单臂受电弓结构简单，尺寸小，质量轻，调整容易，具有良好的动特性，高速时动态跟随性及受流特性较好，故而被现代电力机车广泛采用。

单臂弓动力学性能优秀，质量轻，跟随性好，结构简单，维修方便，运行风阻和风噪均较小；菱形弓侧向稳定性优，对称性好，中低速跟随性特优，但重量大，高速动力学性能差，运行风阻大，风噪大，维修不便；T 形弓运行时风噪低，风阻低，活动部位质量轻，但工作高度范围小，维修成本高，长时间不用还会自己降弓。

（a）双臂受电弓

（b）单臂受电弓

图 1-1-6　受电弓

（二）受电弓碳滑板偏磨

碳滑板安装在受电弓顶部，负责与接触网滑动接触来获得电力，由于两者形成滑动摩擦，因此发生磨耗是很正常的现象。进行受电弓检查时，检查碳滑板磨耗情况也是重要的一环，在正常的情况下，碳滑板磨耗均匀，检查时应重点检查磨耗限度，一旦超过规定的磨耗限度，应及时更换碳滑板。但在某些情况下，碳滑板并不会按设计要求均匀地磨耗，称之为碳滑板偏磨。一旦发生偏磨现象，除了更换碳滑板，还需要分析偏磨原因，才能从根本解决问题。常见的碳滑板异常磨耗有以下几种情况：

（1）滑板条在使用过程中因为接触网线的硬点撞击造成碳块崩边[见图 1-1-7（a）]，可使用粗糙的锉刀对崩边进行打磨使棱边圆滑过渡，打磨后的滑板条可继续使用。

（2）滑板条磨耗表面出现裂纹[见图 1-1-7（b）]，需要立即更换。

（3）滑板条磨耗表面出现了细微的裂纹并贯通至滑板托架，同时还出现了电弧击穿的现象[见图 1-1-7（c）]，则应立即更换。

（4）滑板条出现了大于二分之一的崩边[见图 1-1-7（d）]，则应立即更换，若崩边的同时滑板条的宽度方向还出现了裂纹，则应立即更换。

（5）滑板条的磨耗面出现了不同程度的凹坑[见图 1-1-7（e）]，滑板条可正常使用。F 呢？

（6）滑板条碳块和金属托架之间出现了裂纹[见图 1-1-7（g）]，则滑板条需要立即更换。

（7）滑板条在使用中磨耗面出现了长度方向的裂纹，属毛坯碳在制造中产生的挤压毛细纹，不影响滑板条的自身性能[见图 1-1-7（f）、图 1-1-7（h）]，无须更换。

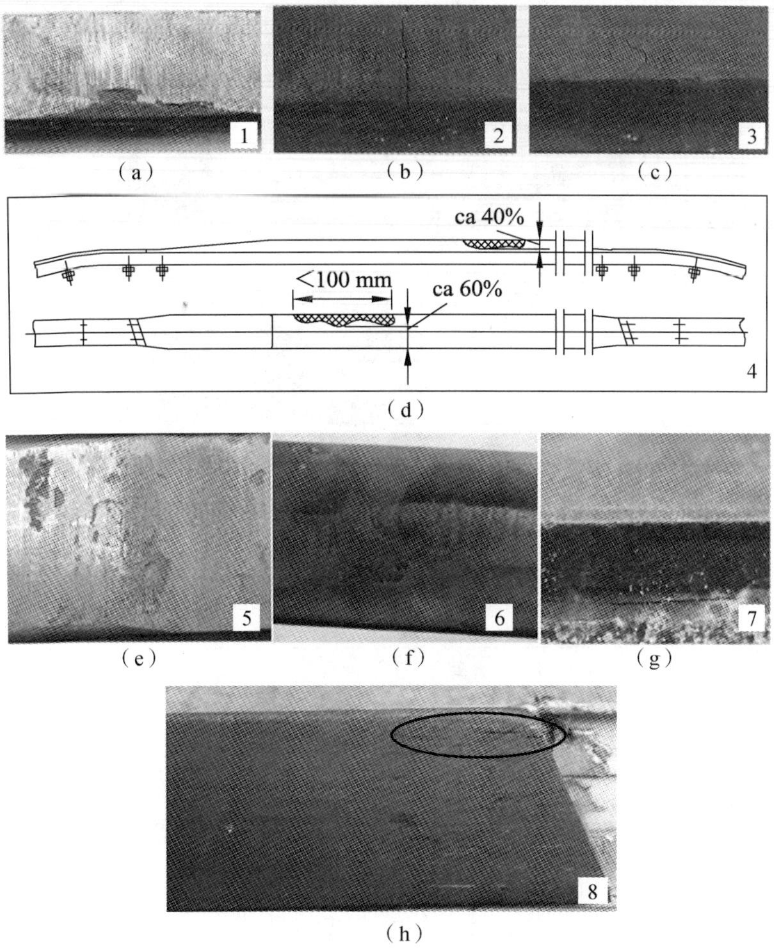

图 1-1-7 碳滑板中心偏磨

任务考核

表 1-1-4 任务考核单

<table>
<tr><td colspan="6">任务名称：受电弓的检修</td></tr>
<tr><td>专业</td><td>课程</td><td>班级</td><td>姓名</td><td>学号</td><td>考核</td></tr>
<tr><td></td><td></td><td></td><td></td><td></td><td></td></tr>
<tr><td>作业准备</td><td colspan="5">穿好劳动防护用品，戴好安全帽</td></tr>
<tr><td>安全要点</td><td colspan="5">注意用电安全；非作业人员在安全距离外</td></tr>
<tr><td colspan="6">一、知识总结
问题 1：受电弓的受流原理是什么？
______
问题 2：受电弓的升降弓控制原理是什么？
______
二、操作运用
操作 1：完成受电弓的结构认知及测量全过程。</td></tr>
</table>

续表

认知过程若出现问题，请填写：

问题原因：______________________________

处理措施：______________________________

操作 2：按顺序完成受电弓各部件的填写。

1		2		3		4	
5		6		7		8	
9		10		11		12	

问题 3：按顺序填写受电弓测量结果。

<table>
<tr><td>项目</td><td>滑板</td><td>最低位置厚度/mm</td><td>滑板中心处/mm</td><td colspan="2">中心左/右 100 mm 处/mm</td><td colspan="2">中心左/右 200 mm 处/mm</td><td>位置传感器间隙</td></tr>
<tr><td rowspan="7">M 车受电弓</td><td>1</td><td></td><td></td><td></td><td></td><td></td><td></td><td></td></tr>
<tr><td colspan="3">分析</td><td colspan="6"></td></tr>
<tr><td colspan="3">结果</td><td colspan="6"></td></tr>
<tr><td>接触压力/N</td><td colspan="3"></td><td colspan="2">降弓保持力/N</td><td colspan="2"></td></tr>
<tr><td>升弓时间/s</td><td colspan="3"></td><td colspan="2">降弓时间/s</td><td colspan="2"></td></tr>
<tr><td colspan="3">分析</td><td colspan="6"></td></tr>
<tr><td colspan="3">结果</td><td colspan="6"></td></tr>
<tr><td>说明</td><td colspan="8">① 从 1 车到 3 车方向或从 6 车到 4 车方向滑板编号分别为 1、2；② 避雷器一侧为“右”，另一侧为“左”；③ 若作业中无须记录的项目，在表格内打“/”</td></tr>
</table>

三、任务小结

收获：______________________________

失误：______________________________

四、成绩评定

评价等级	知识掌握	过程操作	团队协作	自主学习
指导老师（签字）		日期		

任务二　避雷器的检修

任务要求

（1）了解避雷器的结构、工作原理及技术参数。
（2）掌握避雷器的检修及测量。
（3）掌握避雷器常见故障及处理方法。

任务准备

避雷器实物、仪器仪表、多媒体设备等。

任务实施

一、避雷器的结构、工作原理及技术参数

（一）避雷器的结构

1. 概述

避雷器是一种用来限制过电压幅值的保护电器，它连接在被保护电器与接地电极之间，安装在车顶上，用于保护接触网免受雷电过电压和操作过电压损害。雷电侵入时由于过电压的作用使避雷器动作（放电），雷电流经避雷器泄入大地，从而限制了雷电过电压的幅值，使避雷器上的残压不超过被保护电器冲击放电电压。

城轨列车的避雷器用于防止来自车辆外部的过电压（如雷击等）和车辆内部的操作过电压对车辆电气设备的破坏。避雷器是与被保护物并联的一种设备，当出现危及保护物绝缘的过电压时它就放电，从而限制绝缘上的过电压值，当出现超出限制范围的过电压时，电阻急剧下降，电流通过避雷器与大地接通，避免各种过电压对车辆设备产生危害。

避雷器由于雷电等因素产生的电网过压保护用来防止主电路系统因过压而被损害。避雷器由接触网通过受电弓接地，当在正常工作电压值时，避雷器相当于绝缘体，除了少量的泄漏电流流过避雷器外，电流都流入车辆的牵引与辅助设备。当由于雷电等因素导致电网电压急剧升高到一定值时，避雷器就会被击穿，成为导体，将电流引入大地，从而达到保护车辆设备的目的。

2. 避雷器的结构

避雷器中起作用的部件是金属氧化物电阻片。它们排列在一组柱子中，安装有硅外套使其免受环境影响。电阻排周围被玻璃纤维增强型复合棒紧密包围并压合在一起，使得避雷器具有一定的机械稳定性。硅橡胶外壳具有憎水特性，可将外套表面上的放电保持在极

小程度，因此即使在污染严重的情况下，也能保证极好的工作特性。氧化锌避雷器的结构如图 1-2-1 所示。该装置用上下铁壳盖及密封橡胶圈将氧化锌阀片密封在瓷套内，内部装有弹簧将阀片压紧，以防止内部零件移动，保证零件间可靠的电气连接。

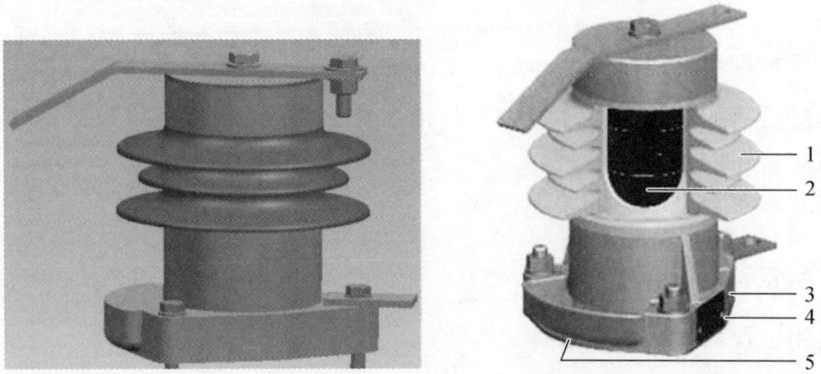

1—硅橡胶复合外套；2—金属氧化物电阻（非线性）；3—法兰压力释放口；4—铭牌；5—释放口。

图 1-2-1　避雷器的结构

氧化锌避雷器（无间隙避雷器）是一种新型避雷器，这种避雷器的法兰用质量较轻的适合于户外使用的金属合金制造，并且直接与硅外套连接。

金属氧化物电阻片用玻璃纤维增强复合杆紧密地封闭（像在一笼子里）。当电阻片发生过载时（极其罕见，但任何放电器均不能排除这种情况），所产生的电弧不会造成过压，因为电阻片没有被密封的坚实外壳所封闭。电弧可从硅外套中立即逸出，不会使外壳突然破裂。同时，大量的玻璃纤维增强复合杆在很大程度上将金属氧化物电阻片保持在其位置上。因此零件飞出的危险被降到最低。它具有非常理想的伏秒特性，其非线性极好。

3. 避雷器的功能

避雷器用来防止来自车辆外部的过电压（如雷击等）和车辆内部的操作过电压对车辆电气设备绝缘的破坏。金属氧化物电阻为高度非线性，即它们拥有尖锐的电压-电流扭转特性。因此，在某一电压值以下时只有少量漏泄电流流过避雷器。

避雷器设计为在正常连续电压条件下，只有约不到 1 mA 的泄漏电流流过。

雷电过电压或操作过电压时，电阻器可导电（欧姆范围），这样可使电流流向大地，电压减为经过避雷器的压降值（剩余电压）。操作过压时浪涌电流可高达 500 A，雷电过电压时其值甚至可达 10 kA。

（二）避雷器的工作原理

避雷器与被保护电器并联，当出现过电压危及被保护物时，避雷器放电，使高压冲击电流泄入大地。随后，避雷器恢复原工作状态，截止伴随而来的正常工频电流，使电路与大地绝缘。过电压越高，火花间隙击穿越快，从而限制了加于被保护电器上的过电压。

避雷器的工作原理如图 1-2-2 所示，具体步骤为：

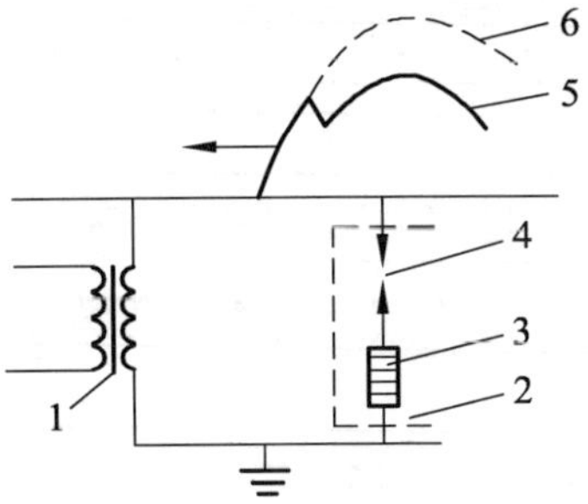

1—被保护变压器；2—避雷器；3—非线性电阻；4—火花间隙；5—被限制的过电压波；6—未被限制的过电压波。

图 1-2-2　避雷器的工作原理

（1）在正常工作电压下，阀片具有极高的电阻而呈绝缘状态，这使流过阀片的电流非常小，这样小的电流不会烧坏氧化锌阀片，从而实现了“无间隙”。

（2）当系统出现超过某一电压动作值的电压时，阀片“导通”呈低阻状态，释放电流，“导通”后阀片上的残压与流过它的电流大小基本无关，而为一定值。

（3）当电压降到动作电压以下时，阀片“导通”终止，迅速恢复高电阻而呈绝缘状态。因此，氧化锌避雷器可使避雷器的残压被限制在允许值以下，并将冲击电流迅速泄入大地，从而保护了与其并联的电器。

（三）避雷器的技术参数

1. 额定电压（U_r）

额定电压是指施加到避雷器端子间的最大工频电压有效值，按照此电压所设计的避雷器，能在规定的动作负载试验中确定的暂时过电压下正确地动作。

2. 持续运行电压（U_c）

持续运行电压是指允许持久地施加在避雷器端子间的工频电压有效值。该电压决定了避雷器长期工作的老化性能，即避雷器吸收过电压能量后温度升高，在此电压下应能正常冷却，不发生热崩溃。

3. 持续运行电流（I_c）

持续运行电流是指在持续运行电压下，流过避雷器的电流。其包含阻性电流分量和容性电流分量，并随温度的变化而变化，并受对地杂散电容的影响。

4. 起始动作电压（参考电压）（U_{ref}）

避雷器直流参考电流是其伏安特性曲线拐点附近的某一电流值，其值大约为 1 mA。起始动作电压是指在直流参考电流下测出的避雷器的直流电压的平均值。直流 1 mA 参考电压（$U_{1\ mA}$）值一般等于或大于避雷器的额定电压的峰值。

具体避雷器的技术参数如表 1-2-1 所示。

表 1-2-1　避雷器的技术参数

项目	参数	项目	参数
型号	3EB4 020-7DS42-0D	额定电压	DC 2 000 V
8/20 波形标称放电电流	10 kA	4/10 波形大电流冲击耐受	100 kA
2 ms 方波长持续时间电流冲击耐受	1 200 A	标称放电电流下的残压	≤4.8 kV
操作冲击电流（500 A）下的残压	≤3.9 kV	1 s 能承受的最大电压	2.3 kV
10 s 能承受的最大电压	2.1 kV	额定短路电流（0.2 s）	40 kA
操作冲击试验前后残压变化范围	≤5%	线路放电等级	4 级
最小爬电距离	248 mm	接地端	接地端铝材，无绝缘
高度	188 mm	伞径	176 mm

二、避雷器的检修与测量

（一）避雷器的检修

（1）避雷器引下线无松股、断股、弛度过紧及过松现象（避雷器引排无变色、弯曲变形现象）。

（2）避雷器接头无松动、发热或变色现象，均压环不歪斜。

（3）避雷器运行无异常声响。

（4）避雷器底座固定良好，固定螺丝不锈蚀。

（5）避雷器瓷套无裂纹及放电痕迹，无破损现象，外观清洁（合成式避雷器检查合成绝缘套无皲裂和破损现象）。

（6）避雷器底座接地连接良好，接地引下排（线）无断裂及锈蚀现象。

（二）避雷器的测量

1. 绝缘电阻测试

1）测量方法

选用 1 000 V 兆欧表测试。测量时，应把兆欧表放平稳，L 端接被测物，E 端接地，摇动手柄的速度应由慢逐渐加快，并保持速度在 120 r/min 左右。避雷器投用前应测试绝缘电阻值并记录，作为以后定期预防性测试的参考基准值，其值应≥500 MΩ。

2）测量标准

若绝缘电阻值≥300 MΩ，则表明避雷器质量稳定，不再需要测试；若绝缘电阻值＜300 MΩ，则可能是避雷器受潮；若绝缘电阻值为无穷大，可采用 2 500 V 兆欧表测量，只要绝缘电阻可读，就说明避雷器正常。

2. 泄漏电流测试

1）测量方法

将避雷器与避雷器测试仪连接好，仪器高压正极接到避雷器顶部电缆连接处，测量地接到避雷器底座处，仪器保护地接至有效接地处。

显示测量结果参考电压值 $U_{1\ mA}$ 和泄漏电流值 $I_{0.75}$，记录测量值。

参考电压值 $U_{1\ mA}$ 必须大于 DC 2 500 V 且泄漏电流值 $I_{0.75}$ 必须小于 50 μA，否则必须更换避雷器。

2）测量标准

$U_{1\ mA} \geq$ DC 2 500 V，$I_{0.75} <$ 50 μA，如测试不达标，则更换避雷器。

三、避雷器的常见故障及处理方法

（一）磁绝缘损坏

故障分析处理：应分析运行中的避雷器磁绝缘损坏的原因，并更换。

（二）运行中发生爆炸

故障分析处理：一般是由于避雷器的密封不良受潮而改变了特性。应采用有良好伏安特性的氧化锌避雷器，同时应加强年检、预试等。

（三）停用避雷器

故障分析处理：（1）避雷器的上、下引线松脱或折断。当系统过电压时，引线松脱或折断将使避雷器失去作用。因此在每年雷季之前，应对引线进行认真检查，运行中一旦发现引线松脱或折断，应立即处理。

（2）避雷器雷击放电后，如连接引线严重烧伤或烧断，应立即安排检查处理。

（3）避雷器接地不良，阻值过大，应停用避雷器并尽快处理。

（4）避雷器内部有放电声。正常运行于工频电压下的避雷器呈现高阻值，只有很小的泄漏电流流过，因此不应该有任何声音。避雷器内部有异常声音，可认为避雷器、阀片间隙损坏而失去了防过电压的作用，而且可能引发单相接地故障。运行中若发现避雷器有这种现象，应汇报调度，并及时停用更换异常的避雷器。

（5）雷击或避雷器动作后，若避雷器绝缘子破损或爆炸，则应立即将故障避雷器从系统中切除并予以更换。

（6）避雷器发生故障，若无接地现象，应立即向调度申请停电更换。

四、知识拓展——避雷器在不同使用场所的选型

避雷器应依据其使用场所不同，即保护对象不同进行选型，主要类型如下：

配电用（S）——使用在 3 ~ 10 kV 电力系统供电线路。
电站用（Z）——用以保护开关、变压器、互感器等。
电容器用（R）——用以保护电容器。
电机用（D）——用以保护旋转电机，包括电动机和发电机。
电气铁道用（T）——用以保护电气化铁道电力线路及电力设备。
线路用（X）——用以保护 35 kV 及以上电力系统的线路绝缘子。

任务考核

表 1-2-2　任务考核单

<table>
<tr><td colspan="6">任务名称：避雷器的检修</td></tr>
<tr><td>专业</td><td>课程</td><td>班级</td><td>姓名</td><td>学号</td><td>考核</td></tr>
<tr><td></td><td></td><td></td><td></td><td></td><td></td></tr>
<tr><td>作业准备</td><td colspan="5">穿好劳动防护用品，戴好安全帽</td></tr>
<tr><td>安全要点</td><td colspan="5">注意用电安全；非作业人员在安全距离外</td></tr>
<tr><td colspan="6">一、知识总结
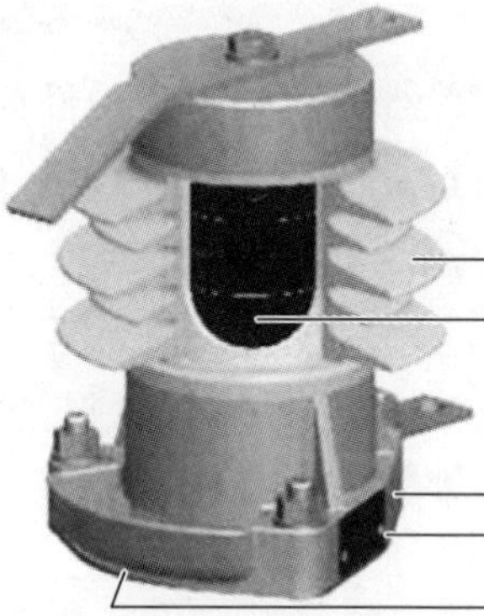

问题 1：避雷器的基本功能有哪些？
______
问题 2：避雷器的工作原理是什么？
______
二、操作运用
操作 1：完成避雷器结构认知及测量的全过程。
结构认知过程若出现问题，请填写：
问题原因：
______
解决办法：
______</td></tr>
</table>

续表

操作 2：按顺序完成受电弓各部件的填写。

1		2		3	
4		5			

操作 3：绘制避雷器的图形符号并对其型号进行说明。

Y10W2-200/520	Y	10	W	2	200	520
氧化锌避雷器						

三、任务小结

收获：____

失误：____

四、成绩评定

评价等级	知识掌握	过程操作	团队协作	自主学习
指导老师（签字）		日期		

任务三　高速断路器的检修

任务要求

（1）了解高速断路器的结构、工作原理及技术参数。

（2）掌握高速断路器的检修及测量。

（3）掌握高速断路器常见故障及处理方法。

任务准备

高速断路器实物、仪器仪表、多媒体设备等。

任务实施

一、高速断路器的结构、工作原理及技术参数

高速直流断路器主要是针对保护牵引机车的主直流电路不受短路电流和过载电流影响而设计的，同时它也可以起连接或隔离车载高压电源的作用。

高速断路器作为一种直流断路器，为机械式单相快速断路器，采用了电磁吹弧、电动操作、直接瞬时过流脱扣、间接快速脱扣和空气自然冷却等技术。当主电路电流超过整定值时，其立即进行分断，响应时间极短，在 di/dt 为 2×10^6 A/s 时，机械响应时间仅 2.8 ms，故它以迅速的分断能力和极高的可靠性被广泛使用在地铁车辆上，能对车辆核心部件牵引

逆变器起到很好的保护作用。

高速断路器主要有两个作用：一是在正常情况下，根据需要接通和断开接触网与电动车辆主回路之间的高压电路；二是在发生故障时，如主电路部件故障、网压或直流电压过压、直流侧电流过流、主电路接地、主电路短路、IGBT 元件故障、网络通信故障、DCU 故障、110 V 控制电源失电等，HB1/HB2（高速断路器）能对检测到的过电流进行快速响应脱扣，快速切断主电路，防止事故进一步扩大，保护车辆和人身安全。高速断路器动作迅速、可靠，并具有足够的断流容量，一般安装于车体下方，由于空间有限，其结构必须紧凑。

（一）高速断路器的结构

城轨车辆普遍使用的是 UR6-31/32 型高速断路器。UR6-32TDS 型高速断路器基本结构包括基架、主触头、脱扣装置、闭合装置、灭弧罩和辅助触头，其外形与组成如图 1-3-1 所示。

基架用于安装主触头、脱扣装置、闭合装置、灭弧栅、辅助触头等部件。

主触头包括动触头和静触头，用于接通车辆主电路。

脱扣装置也称为短路快速跳闸装置，用于过载保护。

闭合装置包括铁芯、线圈、衔铁、连杆、压簧、前后极、叉头等，用于开关的正常吸合和分断。

灭弧罩由一组抗电弧的绝缘板、灭弧片和引弧片组成，用于吸入动、静触头分断产生的电弧，并进行分割、冷却。

UR6-32TDS 型高速断路器结构爆炸图如图 1-3-2 所示。

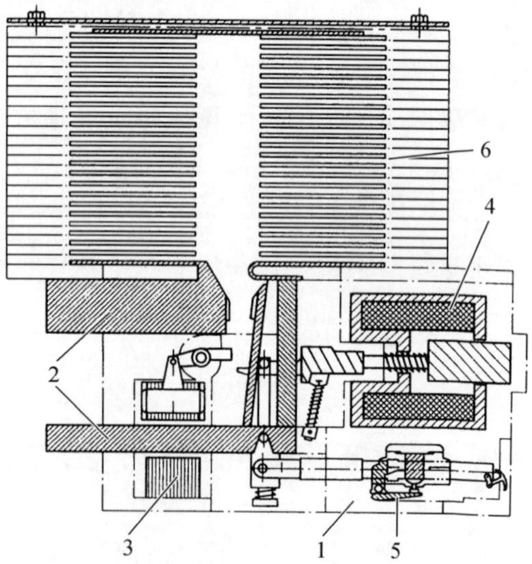

1—基架；2—主触头；3—脱扣装置；4—闭合装置；5—辅助触头；6—灭弧罩。

图 1-3-1 UR6-32TDS 型高速断路器基本组成

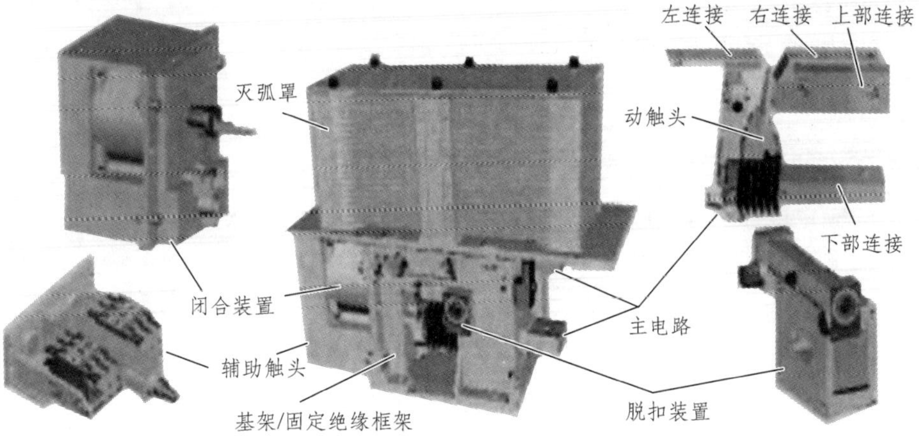

图 1-3-2　UR6-32TDS 型高速断路器结构爆炸图

（二）高速断路器的工作原理

1. 吸合原理

当按下高速断路器“合”按钮，闭合装置线圈得电，电磁铁在磁力的作用下推动连接叉，连接叉又驱动动触头，使得动触头与静触头闭合，同时通过联动杆使得辅助触头动作。在闭合过程中，高速断路器配有闭合阻尼器，能有效避免动静触头撞击力过大。

2. 保持原理

断路器闭合后，线圈通过其辅助触头自锁，保持得电状态，其保持电流比启动电流稍小。

3. 断开原理

断开闭合装置的电源，使得闭合装置线圈失电，电磁力消失，连接叉向闭合装置方向退回，动触头在弹簧的作用下断开，同时通过联动杆使得辅助头复位。在断开过程中，高速断路器同样配有断开阻尼器，能有效避免动触头与支架的撞击力过大。

4. 灭弧原理

动静触头分开的瞬间会产生电弧，电弧通过左右连接进入灭弧栅，并通过灭弧挡板分割，电离气体主要由离子板分解，起到良好的灭弧作用。

5. 脱扣原理

当通过主电路的电流大于设定值时，脱扣装置会产生磁场，致使电片向上动作，通过联动片把连接叉压下，动触头摆脱闭合装置的电磁力，在弹簧的作用下断开，使其脱扣。需要强调的是，高速断路器在脱扣状态下，闭合装置仍处于线圈得电的状态，动触头需要复位，则必须在闭合装置线圈失电的状态下进行。

（三）高速断路器的技术参数

1. 额定电压

1）额定工作电压

UR6-31 的额定电压为 1 000 V（直流），适用于网压为 750 V 的车辆。

UR6-32 的额定电压为 2 000 V（直流），适用于网压为 1 500 V 的车辆。

2）额定输入电压

额定输入电压：DC 1500 V；

输入电压范围：DC 1 000 ~ DC 1 800 V。

2. 额定电流

1）额定输入电流

额定输入电流为 450 A。

2）额定发热电流

额定发热电流是最大持续电流。

环境温度为 40 °C 时，该电流为 1 000 A。

在 20 °C 时，断路器允许短时间过载，允许的瞬时电流值如表 1-3-1 所示。

表 1-3-1　UR6 型高速断路器允许的瞬时过载电流值

序号	过载时间	过载电流
1	5 min	1 400 A
2	2 min	1 500 A
3	1 min	1 600 A
4	20 s	2 000 A

3. 分断过电压

分断操作期间的过电压峰值如表 1-3-2 所示。

表 1-3-2　UR6 型高速断路器允许的过电压峰值

序号	型号	过载电压峰值
1	UR6-31	2 100 V
2	UR6-32	4 000 V

4. 机械反应时间与分断总时间

当电流上升率为 2 kA/ms 时，机械反映时间是 3 ms，分断总时间大约为 15 ms。

5. 分断能力

分断能力是最高允许短路电流，在额定电压时高速断路器可以快速断开的能力。

表 1-3-3　UR6 型高速断路器在额定电压时的分断能力

序号	型号	恢复电压 U_d/V	稳态短路电流 I_{cc}/kA	短路电流的时间常数 τ/ms
1	UR6-31	1 000 V	30	15
2	UR6-32	2 000 V	30	15

6. 低电流分断

UR6 型高速直流断路器的可分断电流低至 0 A。

7. 机械寿命

UR6 型高速直流断路器的机械寿命大约是 5×10^5 次（没有电流），与正常的清洁和润滑所不同的是不需要维修。在使用 5×10^5 次以后，磨损零件可以更换。

二、高速断路器的检修与测量

（一）高速断路器的检修

高速断路器检修内容如表 1-3-4 所示。

表 1-3-4　高速断路器检修内容

检修内容	检修标准	日检	双周检	三月检	年检
高速断路器	检查高速断路器，底座螺栓应无松动，防松线清晰无错位				√
	检查高速断路器，辅助触点端盖紧固螺栓无松动，防松线清晰无错位				√
	检查高速断路器，进出线排各紧固螺栓应齐全，防松线清晰无错位，无放电灼伤迹象				√
	目检高速断路器主接触头是否有严重烧伤，如有必要则打磨触头，检查并清洁灭弧罩；高速断路器内部固定触头紧固螺钉无松动				√
	拆出灭弧罩，确保灭弧罩无异常、无裂损、无污迹，无烧焦痕迹，检查灭弧隔板，应无严重磨损，否则报专业工程师确认				√
	检查高速断路器，绝缘罩板安装螺栓防松线应清晰无错位				√

（二）高速断路器的测量

1. 测量触头磨损程度

（1）测量条件。高速断路器出现下列任一情况时，检查电弧产生的磨损：

① 过载产生的断开和 1 000 次断路；

② 2 000 次欠载断开；

③ 至少每 18 个月检查 1 次。

（2）注意：测量时高速断路器处于合闸状态。

（3）测量工具：深度尺/测量尺。

测量方法：使用深度尺/测量尺通过盖插向螺丝，如图 1-3-3 所示。

若深度尺标记（台阶处）外突，即测量值小于(15+0.5) mm，说明触头磨损未到限，处于正常状态。

若深度尺标记与盖前部齐平时，即测量值大于或等于(15+0.5) mm，说明触头磨损已经到限，必须更换。当检查发现触点磨损到限时，也必须进行灭弧罩检查。

2. 测量灭弧罩

（1）测量条件：每隔 18 个月进行 1 次，在更换触头时，必须进行灭弧罩检查。

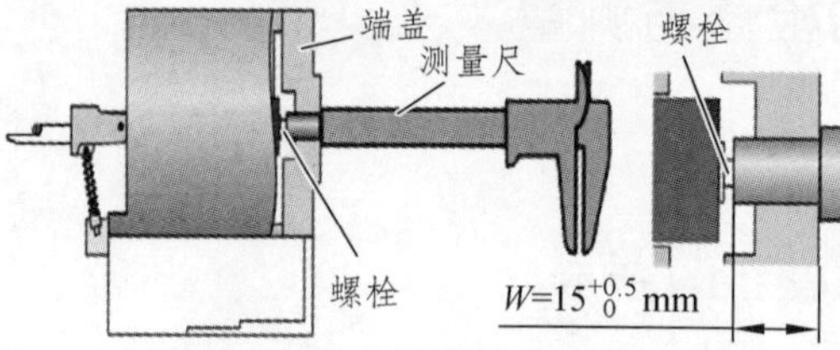

图 1-3-3　触头磨损程度测量

（2）测量工具：测隙规/铜制塞尺（壁厚 0.5 ~ 1 mm，大小为 80 mm×200 mm）。

（3）测量方法：从灭弧罩板（6.601）上的两个去离子器（6.602）之间开始，量规插入每个导流片（6.603）之间约 100 mm。灭弧罩的测量如图 1-3-4 所示。

（4）磨损标准：

① 量规在前 2 个导流片（6.603）之间不符时，拆下灭弧罩，并且检查连接（6.107）；

② 量规在灭弧罩（2 000 V）前 5 个导流片之间不符时，拆卸灭弧罩，更换导流片；

③ 量规在灭弧罩（1 000 V）前 3 个导流片之间不符时，拆卸灭弧罩，更换导流片。

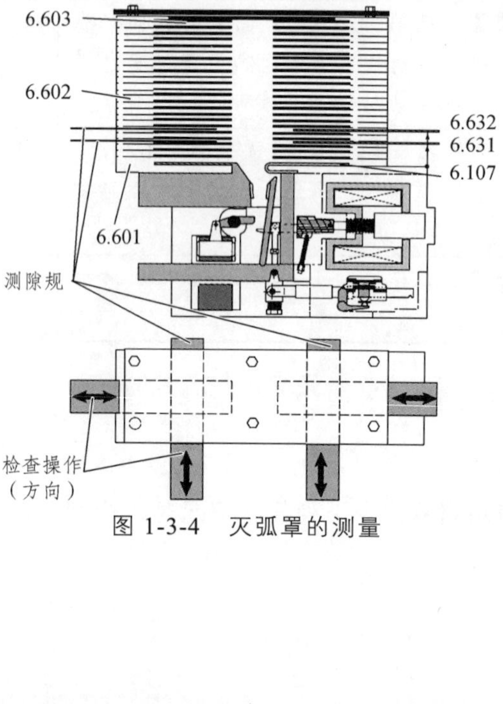

图 1-3-4　灭弧罩的测量

3. 测量线圈阻值

测试线圈阻值为 14.5 Ω±8%，检测压敏电阻为开路状态。如测试不正常，则更换线圈。

4. 测量辅助触点阻值

更换辅助触点后安装牢固，接线正确，无松动，触点接触电阻＜500 mΩ。如果接触电阻≥500 mΩ，则再次更换辅助触点。

三、高速断路器的常见故障及处理方法

高速断路器保护着列车牵引系统的正常运行，其故障通常表现为无法闭合，所以一旦发生故障会造成列车无法运行。总结其原因，故障主要分为外围控制电路故障和高速断路器内部故障。

1. 外围控制电路故障

外围控制电路故障会导致高速断路器无法实现闭合、车辆软件控制逻辑中需要的高速断路器状态信号异常以及车辆网络功能瘫痪，其原因可分为线路、元器件、电磁干扰三个方面。对此，检查时先从电源电路入手，利用万用表检查线路是否有错接或者虚接现象，以及相关继电器及开关是否正常工作，若无问题，则分析是否因为电源电压不稳定造成，可利用示波器进一步进行验证。

对信号控制电路应同样进行线路和元器件的检查，针对信号可能受到的电磁干扰问题，通过信号监控装置进行监控，判断信号是否正常，通过分析故障信号数据，找出故障形成的原因。在实际使用中，由于控制信号不正常而导致外围控制电路故障发生的概率较小，一般为线路和元器件的原因导致。

2. 高速断路器内部故障

高速断路器内部故障同样表现为高速断路器无法闭合，牵引主电路无法接通。根据高速断路器内部的结构，其内部故障可分为电气故障和机械故障，检查内部故障需要对设备进行拆卸。

电气故障一般有触点故障、吸持线圈烧损、绝缘材料损坏等，如图 1-3-5，图 1-3-6 所示。这里的触点既有主触点和辅助触点，也包括灭弧触点。由于经常开启闭合，主触点产生的电弧会对触点寿命造成影响，而且如果灭弧触点出现故障，导致电弧无法顺利消除，也会对主触点造成很大影响。

机械故障一般指机械部件结构异常，比如联动齿轮咬合结构松动、变形等。机械故障一般会导致机械功能无法实现，出现卡位、停滞的现象，具体故障零件需要对机械结构逐一拆卸来进行排查。高速断路器内部的机械零件众多，排查工作耗时长，且通常机械故障发生概率较小，建议放在最后进行。外壳类部件损坏如图 1-3-7 所示。

图 1-3-5　灭弧栅片击穿

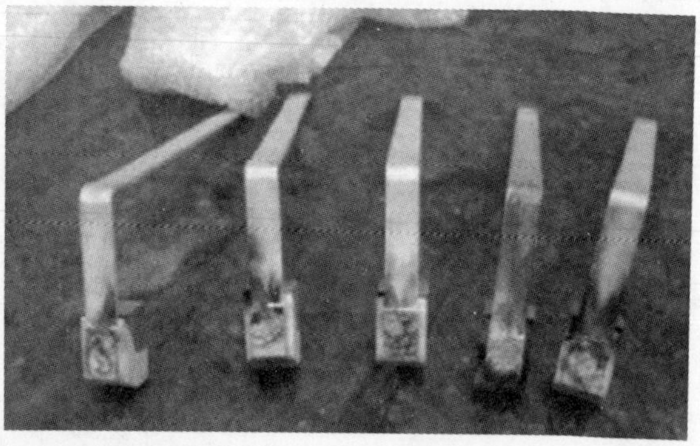

图 1-3-6　触头烧灼

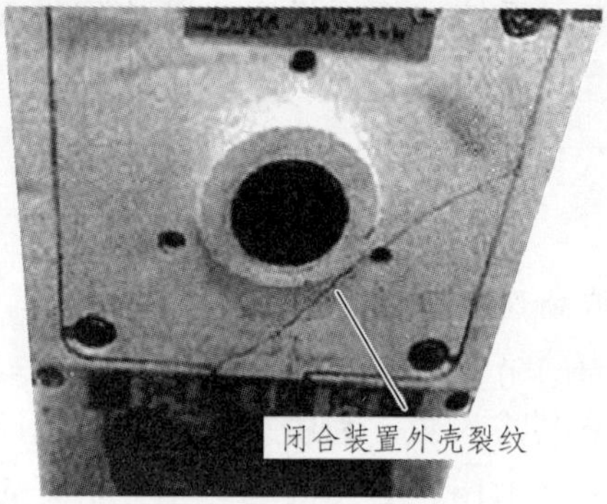

图 1-3-7　外壳类部件损坏

3. 典型故障及处理措施

高速断路器常见故障及处理方法如表 1-3-5 所示。故障排除后，先进行低压测试，确认高速断路器能正常动作，牵引控制单元有信号显示，再进行高压测试，高压电器箱网压输出正常即可。

表 1-3-5　高速断路器常见故障及处理方法

故障现象	直接原因	处理方法
高速断路器无法断开/闭合	高压电器箱控制插头 X1、X3 缩针	检查高压电器箱的控制插头 X1 和 X3 有无缩针，如有则纠正
	线圈电阻故障	测量线圈电阻，正常值为 14.5 Ω(±8%)，如不符，更换线圈
	主断允许继电器故障	检查主断允许状态;Mp 车继电器 HBK1、M 车继电器 HBK3
	普通整流二极管 V1（Mp 车）、V2（M 车）故障	检查普通整流二极管 V1（Mp 车）、V2（M 车）是否正常
	主断合继电器故障	检查主断合继电器状态：Mp 车继电器 HBK2、M 车继电器 HBK4 是否正常
	高速断路器灭弧罩、主触头故障	检查高速断路器灭弧罩、主触头情况

四、知识拓展——快速直流断路器

根据技术路线的区别，快速直流断路器分为基于电弧电压建立原理的空气式直流断路器、基于电力电子器件的直流固态断路器和基于功能分解组合的混合型直流断路器。

（一）空气式直流断路器

空气式直流断路器是对交流断路器灭弧技术进行改进而来的，主要包括脱扣系统、触头系统、操作机构和灭弧罩四大部分。

关键技术：快速检测脱扣技术、高速分闸技术、电弧快速转移与电弧电压建压技术等。

典型代表：赛雪龙公司生产的 UR、HPB 系列高速直流断路器。

（二）直流固态断路器

顾名思义，直流固态断路器由电力电子器件[如 IGBT（绝缘栅双极型晶体管）、IGCT（集成门极换流晶闸管）等]作为主控开关，并配以测控单元和缓冲吸能组件等共同组成。

关键技术：器件尽限应用、均压、均流、同步驱动和保护等。

典型代表：ABB 公司基于反向阻断型 IGCT 研制的双向直流固态断路器。

单只全控器件电压等级不超过 10 kV，分断能力不超过 10 kA，高电压、大容量等级应用时，只能采用多只进行串并联，断路器通态损耗和可靠性问题凸显。固态断路器更适用于中低压、小电流直流系统限流保护场合。

（三）混合型直流断路器

混合型开关技术将额定电流承载、短路电流分断与系统储能的消耗吸收等工作分开完成，设计时便于解耦处理。根据原理断路器可以分为零电压型（ZVS）、零电流型（ZCS）和 ZVS-ZCS 联合型，共同之处是由机械开关、分断支路（换流支路）和限压吸能支路并联组成，区别在于分断过程工作原理和执行分断任务的部件不同。

关键技术：

零电压型（ZVS）：快速机械开关的设计、可关断器件的串并联应用、换流支路杂散参数设计，以及固态开关支路关断时机的选定等。典型代表为 1.5 kV/4 kA 混合型限流断路器。

零电流型（ZCS）：高速斥力机构的设计、真空开关强迫换流分断特性、换流回路参数及整机控制策略的优化设计等。典型代表为直流真空断路器。

ZVS-ZCS 联合型：集成了 ZVS 和 ZCS 两种技术，在保持 ZVS 优点的基础上，通过增加强迫换流支路提升大短路电流分断能力；从 ZCS 型角度讲，则是通过增加并联的固态开关支路，达到优化换流参数、提升整体指标的目的。

任务考核

表 1-3-6 任务考核单

任务名称：高速断路器的检修					
专业	课程	班级	姓名	学号	考核

作业准备	穿好劳动防护用品，戴好安全帽
安全要点	注意用电安全；非作业人员在安全距离外

一、知识总结

问题 1：高速断路器的基本结构有哪些？

____

问题 2：高速断路器的工作原理是什么？

____

二、操作运用

完成高速断路器拆装及测量的全过程，完成如下操作。

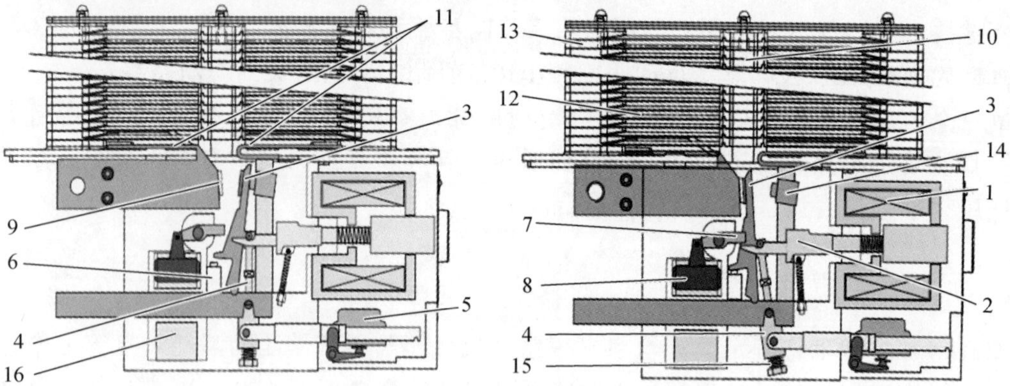

拆装过程若出现故障，请填写：

故障原因：

____

处理措施：

____

操作 1：完成部件名称填写。

1		2		3		4		5		6	
7		8		9		10		11		12	
13		14		15		16					

操作 2：完成项目测量。

测量项目 1	测量值 1	测量值 2	分析数据	结论
触头磨损程度				
标准			使用工具	
备注	① 记录数据保留到小数点后两位，填写单位；② 记录数据应该清晰工整			

续表

测量项目 2	测量内容	数据测量		结论	备注
灭弧罩	前 2 个导流片	方向 1:	方向 2:		
	前 5 个导流片	方向 1:	方向 2:		
标准				使用工具	
备注	① 记录数据保留到小数点后两位，填写单位；② 记录数据应该清晰工整				

三、任务小结

收获：______________________________

失误：______________________________

四、成绩评定

评价等级	知识掌握	过程操作	团队协作	自主学习
指导老师（签字）		日期		

任务四　牵引逆变器的检修

任务要求

（1）了解牵引逆变器的结构、工作原理及技术参数。

（2）掌握牵引逆变器的检修及测量。

（3）掌握牵引逆变器基本故障及处理方法。

任务准备

牵引逆变器模型、仪器仪表、多媒体设备等。

任务实施

一、牵引逆变器的结构、工作原理及技术参数

（一）牵引逆变器的结构

牵引逆变器分为前后两部分，前半部分为变流器模块、传动控制单元（DCU）与开关电源板、检测单元和高压电器，后半部分为线路电抗器，如图 1-4-1 所示。牵引逆变器为主电路系统核心部件，每个逆变器柜内装有 1 个 IGBT（绝缘栅双极型晶体管）变流器模块，每个模块驱动 2 个转向架上的 4 台电机，该模块集成了 6 个 3 300 V/1 500 A 的 IGBT 元件和 2 个 3 300 V/1 000 A 的斩波元件，作为三相逆变器的三相桥臂及过压斩波桥臂，并集成

了热管散热器、温度传感器、低感母排、门极控制单元、门极控制电源、脉冲分配单元、支撑电容器等元器件，具有走行风冷、结构紧凑、体积小等特点。

图 1-4-1　牵引逆变器箱实物图

此外，逆变器柜内还装有牵引控制单元（DCU），主要负责控制逆变器并与列车通信，采用直接力矩控制，其特点是动态响应快，控制简洁高效，牵引力变化平稳。

牵引逆变器箱实物图、俯视图如图 1-4-2、图 1-4-3 所示，主视图、俯视图设备明细表如表 1-4-1、表 1-4-2 所示。

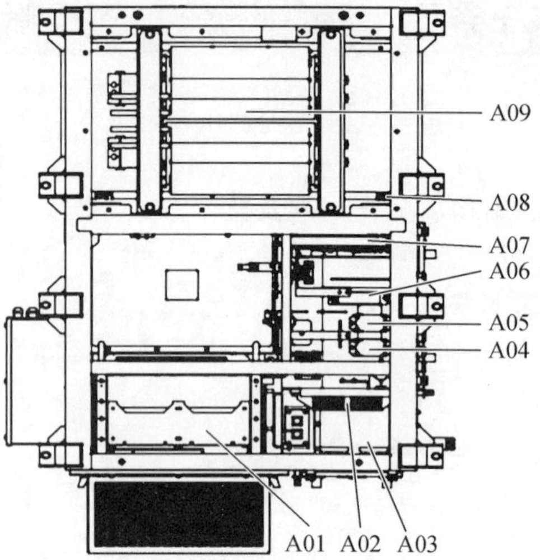

图 1-4-2　牵引逆变器箱示意图

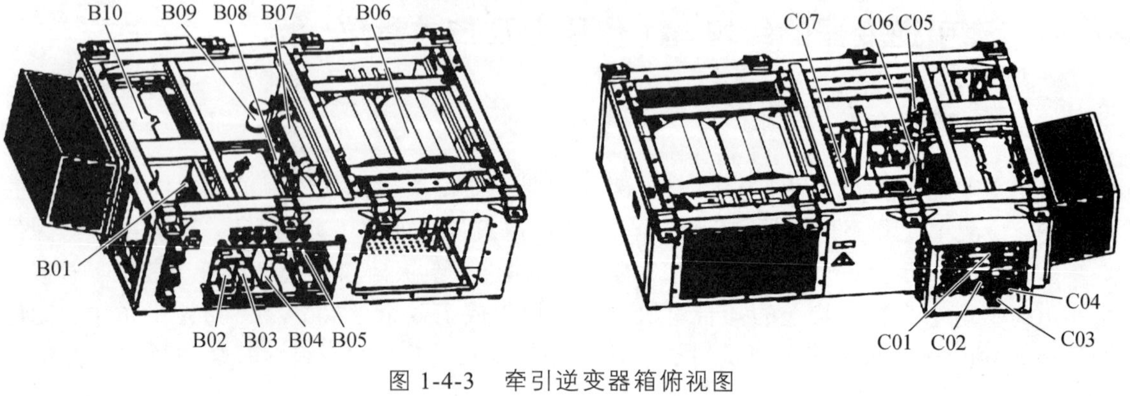

图 1-4-3　牵引逆变器箱俯视图

表 1-4-1　牵引逆变器箱实物图设备明细表

编号	名称	代号	编号	名称	代号
A01	变流器模块	—	A02	传动控制单元	—
A03	开关电源板	—	A04	电压传感器	VH1
A05	电压传感器	VH2	A06	充电接触器	KM2
A07	短接接触器	KM1	A08	固定放电电阻	R21+R22
A09	线路电抗器	L			

表 1-4-2　牵引逆变器箱俯视图设备明细表

编号	名称	代号	编号	名称	代号
B01	传动控制单元	DCU	B02	电压传感器	VH1
B03	电压传感器	VH2	B04	充电接触器	KM2
B05	短接接触器	KM1	B06	线路电抗器	L
B07	充电电阻	R1	B08	续流组件	R3+V1
C01	电流传感器	LH3	C02	电流传感器	LH4
C03	电流传感器	LH6	C04	电流传感器	LH5
C05	接地电容	CE	C06	电流传感器	LH2
C07	电流传感器	LH1			

（二）牵引逆变器功能说明与工作原理

1. 功能说明

作为整个交传系统的重要组成部分，牵引逆变器的基本功能是把从直流电源获得的直流电变换成频率和幅值都可调的三相交流电，并给牵引电机供电。每辆动车上配置一台牵引逆变器，内含 1 个 IGBT 变流器模块，为 4 台牵引电机提供三相 VVVF 电源。模块上散热器采用了热管散热技术，走行风冷却。

逆变器控制装置即传动控制单元（DCU），采用“异步电动机直接转矩控制”“粘着控制”软件和“交流传动模块化设计”硬件，主要完成对 IGBT 逆变器与交流异步牵引电机的实时控制、粘着控制、制动斩波控制，同时具备完整的牵引变流系统故障保护功能、模块级的故障自诊断功能和一定程度的故障自复位功能以及部分车辆级控制功能，DCU 是组成列车通信网络的一部分，与多功能机车车辆总线 MVB 接口及通信。

2. 工作原理

逆变器的作用是通过 IGBT 的顺序导通关断，把直流电变换为电压频率可调的三相交流电。

B 车的受电弓从接触网上取得直流 1 500 V 的电流，经过列车牵引逆变器转换成三相交流电，输送给交流牵引电动机（三相异步电动机）定子上空间位置相差 120°的三相绕组，使定子三相绕组中有对称的三相电流流过，从而在气隙中产生旋转磁场。转子绕组在这个旋转磁场中感应出电动势，转子的感应电动势在自我闭合回路的转子绕组中产生电流。转子电流与旋转磁场相互作用，产生电磁力，形成使转子旋转的电磁转矩，转轴通过联轴器和齿轮箱把转矩传送给车辆转向架的车轴，带动车轮滚动，驱动列车运行。

牵引逆变器的三相逆变电路由6个带无功反馈的二极管的IGBT组成，电路工作时通过6个开关管顺序导通得到需要的电压波形。为了能够驱动逆变器，需要由DCU发出控制脉冲，脉冲通过安装在功率模块上的驱动电路使逆变器工作。DC 1 500 V直流电通过高速断路器，KM2短接接触器闭合，当DC链接电压达到某一特定数值时，短接接触器KM1闭合，而KM2延时3 s后断开，通过短接接触器KM1继续为DC链接电路充电。DC 1 500 V直流电经过线路电抗器时与直流链接电容共同构成线路滤波器，可减少线路电压的瞬变和谐波，稳定逆变单元的输入直流电压，线路电感器也起扼流作用，目的是在电感器后端引起接地短路或逆变单元故障产生的瞬间浪涌电流时，起到扼制突变和平顺电流的作用。

牵引逆变器的主电路原理如图1-4-4所示。

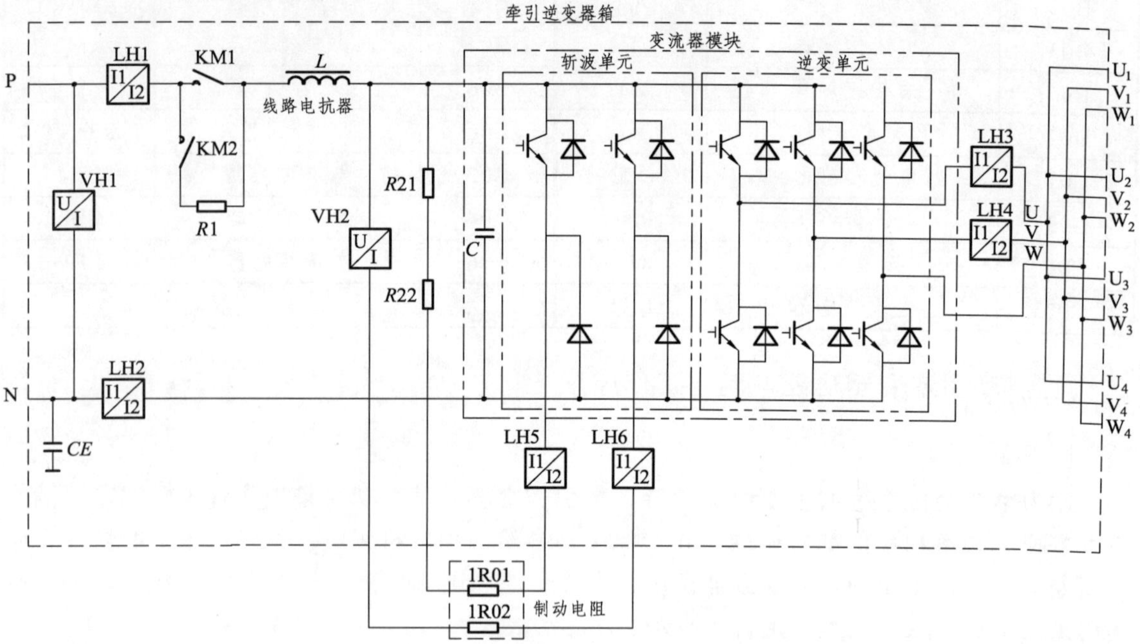

图 1-4-4　牵引逆变器的主电路原理图

3. 功能单元介绍

1）电容器充放电单元

电容器充放电单元由接触器（KM1、KM2）、充电电阻（*R*1）、固定放电电阻（*R*21/*R*22）组成，用于主电路支撑电容器（*C*）的充放电。当列车牵引准备好，主电路外部高速断路器闭合后，闭合充电接触器KM2，电网电源通过充电电阻*R*1给支撑电容*C*充电，当电容电压在一定时间且上升到一定值时，线路接触器KM1闭合，电容充电完成。当主电路停止工作时，通过斩波回路将支撑电容器*C*的电荷通过制动电阻快速释放，放电时间小于2 s；当斩波回路或制动电阻出现问题或者电源断电，支撑电容也可通过并联的固定电阻*R*21/*R*22进行放电，放电时间小于5 min。固定放电电阻取值根据电容取值确定，满足放电到安全电压的放电时间要求。

2）滤波单元

根据主电路仿真确定滤波电抗器与支撑电容值的选取，同时考虑设备尺寸、重量要求。滤波单元由滤波电抗器（*L*）及直流回路支撑电容器（*C*）组成。

滤波单元使主电路直流侧电容电压保持稳定并将电压波动限制在允许范围内（正常网压下是 1 500±300 V），同时，吸收直流输入端的谐波电压，抑制逆变器对输入电源网的干扰，在逆变器发生短路时抑制短路电流并满足逆变器开关元件换相的要求。支撑电容器安装在牵引逆变器 IGBT 模块中。滤波电抗器为铁芯式电抗器，采用走行风冷。

3）斩波单元

斩波单元由 IGBT 斩波元件与制动电阻组成。两个 IGBT 斩波元件与逆变单元集成在一起，组成牵引逆变器 IGBT 模块。再生制动时，若电容两端电压上升至一定值（1 870 V）时，触发 IGBT 斩波元件，进入电阻制动；调节斩波模块开关元件导通角，将电容两端电压稳定在一定的电压值，此时为再生和电阻混合制动；若电容两端电压或电网电压回落，1 800 V 时关闭斩波回路，则由电阻制动转换为再生制动。牵引或制动工况时，通过触发斩波模块导通，能抑制因空转或跳弓等原因引起的瞬时过电压。

4）逆变单元

逆变单元采用 IGBT 模块，为两电平逆变电路。每个逆变器单元集成三相逆变器的三相桥臂并驱动四台牵引电动机。牵引逆变器模块采用抽屉式结构，走行风冷却。

5）检测单元

检测单元由 LH1、LH2、LH3、LH4、LH5、LH6、VH1、VH2 等电流电压传感器组成，传感器采用霍尔电流电压传感器，其中 LH1、LH2 用于主电路直流侧正负电流的检测，同时可通过比较正负电流差值实现主电路接地故障检测，LH3、LH4 用于输出交流侧电流检测，LH5、LH6 用于斩波电流检测。

6）传动控制单元（DCU）

DCU 具有符合列车通信网络（TCN）IEC61375 标准的 MVB（多功能车辆总线）通信接口，对外与车辆总线相连。与列车网络控制和诊断系统之间通过基于 EMD 物理层的 MVB 交换数据，实现通信。DCU 系统关联关系图如图 1-4-5 所示。

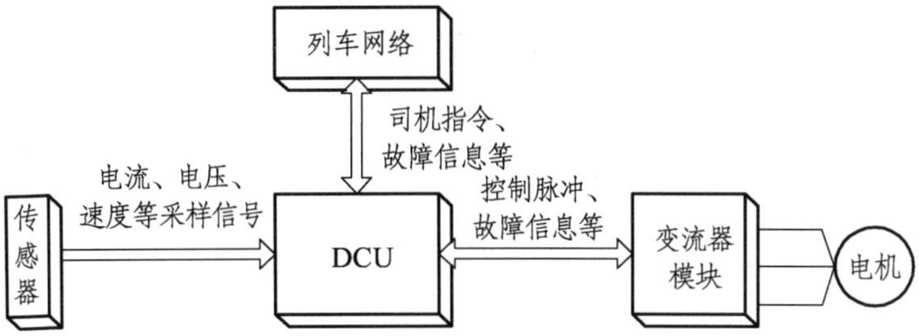

图 1-4-5　DCU 系统关联关系图

DCU 完成电气系统逻辑控制，主要包括：主断路器、充电接触器、短接接触器的时序控制逻辑、监测、保护与故障处理；逆变器的时序控制逻辑；方向手柄、牵引/制动手柄的不同状态对牵引逆变器控制的逻辑关系。另外还实现 DCU 系统自检，DCU 系统初始状态设置，主断路器的闭合和分断控制，接触器的闭合和分断控制，并完成相关特殊模式控制。

DCU 采用直接转矩控制完成对牵引电机的精确转矩控制，实现完全微机化、数字化的实时控制。

DCU 具有完善的故障记录功能，并可在需要的时候将记录转储，以便于进行针对故障的分析和诊断。其采用两种形式完成故障记录：一是向列车控制与诊断系统上传故障信息，记录故障日志，即对故障发生的类别、发生的时间、工况、速度等状态信息进行记录；二是 DCU 记录波形数据，即在故障发生前后的一段时间，对相关电气参数（如直流环节电压、输出电流、手柄级位等）的采样数据进行记录，通过 DCU 提供的标准以太网口，可以利用专用软件将这些故障历史数据下载下来，并以图形方式回放数据波形。

（三）牵引逆变器的技术参数

表 1-4-3　牵引逆变器的技术参数

序号	参数名称	参数值
1	额定输入电压	DC 1 500 V（1 000 ~ 1 800 V），最高电压 DC 1 950 V
2	输出电压范围	牵引工况（网压 DC 1 500 V）0 ~ 1 110 V
		制动工况（网压 DC 1 500 V）0 ~ 1 170 V
3	输出频率	0 ~ 150 Hz
4	开关频率	500 Hz
5	额定输出电流	AC 524 A（基波有效值）
6	牵引最大输出电流	AC 740 A（基波有效值）
7	制动最大输出电流	980 A（基波有效值）
8	外壳防护等级	IP55
9	控制方式	VVVF 直接转矩控制
10	体积	1 380 mm×2 003 mm×631 mm（$L\times W\times H$）
11	质量	880 kg
12	冷却方式	热管走行风冷
13	噪声	≤65 dB
14	额定工作点效率	≥0.95
15	制动斩波时开关频率	500 Hz
16	制动斩波最大电流	2×700 A
17	绝缘电压	高压回路对控制回路/地：AC 4 800 V/50 Hz 1 min
		控制回路对地：AC 1 500 V/50 Hz 1 min

二、牵引逆变器的检修与测量

（一）牵引逆变器的检修

表 1-4-4　牵引逆变器的检修内容与标准

检修内容	检修标准	日检	双周检	三月检	年检	备注
检查牵引箱体及支撑架外观	（1）牵引箱外无异常，警示标语清晰可见，箱体与车底之间的连接应紧固。 （2）检查箱体，应无变形。 （3）箱体各电气连接插外观无破损。 （4）各箱盖板无变形现象，箱体无变形、裂纹，箱体油漆破损面积≤900 mm^2。 （5）盖板与箱体四周的密封良好，手动轻拉盖板下部无明显松动。 （6）目视散热器构架无腐蚀、变形或其他损坏。 （7）牵引箱盖板锁闭良好，二次防护销安装到位	√	√	√	√	
	（8）箱体安装及箱体本身各紧固件无松动，划线清晰无错位			√	√	
电气部件检查（传感器、逆变模块、接触器、电容、电阻等）	（1）检查牵引逆变器箱内各设备外观有无损坏、异常现象，以及有无异味。 （2）目视检查电阻表面有无变色、开裂、剥落等现象，检查端子是否连接可靠。 （3）内部无异物，各紧固部位无松动。检查接触器主触头，若主触头接触面拉弧严重或卡滞，应更换接触器主触头。 （4）逆变模块外观良好，各部件紧固无松动，接线连接可靠，紧固件划线清晰无错位。 （5）目视检查电容表面有无变色、开裂、剥落、鼓包等现象			√	√	
电缆检查（电缆绝缘、电缆固定、铜排、连接插座等）	（1）检查接地线是否可靠连接，检查电缆线头及平垫片是否有明显损坏，若损坏则及时更换。 （2）检查内部控制线缆是否有虚接情况，如有则需紧固。 （3）牵引箱高压母排安装螺栓安装紧固、无错位，划线清晰可见，母排无烧灼现象			√	√	

续表

检修内容	检修标准	日检	双周检	三月检	年检	备注
检查线路电抗器	（1）目视电抗器构架无腐蚀、变形或其他损坏。 （2）目视检查电抗器电缆连接情况，电缆表皮应无破损。 （3）目视电抗器腔体盖板的通风孔无堵塞			√	√	
	（4）每年进行一次接线盒内部检查，检查接线盒内部是否有积尘，接线盒盖板密封是否良好				√	
牵引箱进风滤网清洁	检查FSA滤尘器的滤网是否有污渍/灰尘积垢，有则进行清洁			√（偶）	√	
牵引逆变器散热片风道清洁	检查进风冷却通道，较脏时清洁进风冷却通道的侧面				√	
电抗器除尘	使用高压空气对电抗器及腔体盖板通风孔进行除尘			√（偶）	√	
短接接触器及充电接触器测量	检查接触器辅助联锁，分别测量接触器在断开和闭合状态情况下的常开、常闭联锁接触是否良好，若接触不良，应更换接触器辅助触点。触点闭合时可正常导通，动作灵活				√	
变流器模块检查及清洁	（1）检查变流器模块内驱动板、脉冲分配板等插件的连接是否可靠。 （2）每年需对变流器模块内部的驱动板、脉冲分配板进行一次清洁				√	
密封条状态检查	清洁盖板的密封胶条并进行保养				√	

（二）牵引逆变器的测量

IGBT作为牵引逆变器的核心部件，其性能是否完好直接影响到城轨车辆是否能正常运行。

1. 耐压测试

将兆欧表的正极接到每个IGBT模块的“C”上，将万用表的负极接到每个IGBT模块的“E”上，用1 500 V挡测量端子C和E之间的电阻值，直到等阻值不再增加时再读数。显示的值必须是“无穷大”或“超出测量范围”，如果不是，则更换相关的IGBT模块。

2. 绝缘测试

用兆欧表（1 500 V挡）测量IGBT模块的接线端子“C”和“E”与接地（外壳）之间的电阻值，显示的值必须是“无穷大”或“超出测量范围”，如果不是，则更换相关的IGBT模块。

3. 续流二极管测试

将万用表的选择开关置于“二极管”挡，在 IGBT 模块上将万用表的正极与“E”相连，并将其负极与“C”相连，万用表上的数值必须在 0.3 ~ 0.5，否则更换相应的 IGBT 模块。

4. 通断测试

IGBT 属于电压全控型器件，只要给栅源极之间的输入电容充电，栅极电压按指数规律上升，待栅极电压大于门槛电压时，IGBT 导通。反之通过一条放电回路给输入电容放电甚至反充，则 IGBT 关断。出于设备容量的考虑，每一个 IGBT 模块由 3 组 IGBT 并联构成，所以在检测时必须测量每一组 IGBT 的通断。采用 8 个 1.5 V 的干电池构成 12 V 的直流电源，考虑到 IGBT 是电压型器件，在回路当中串一个限流电阻，大小约为 5 kΩ。将测试电路的正极与“C”相连，测试电路的负极与“E”相连，然后用万用表的二极管挡测量 IGBT 模块的“C”和“E”，应该导通。反之将测试电路的正极与“E”相连，负极与“C”相连，用万用表的二极管挡测量 IGBT 模块的“C”和“E”，IGBT 应该关断。如果不是，那么更换相关的 IGBT 模块。用相同的方法依次测试 IGBT 模块的另外两组 IGBT。

三、牵引逆变器常见故障及处理方法

牵引系统故障时，系统将采取相应的保护动作及措施，经司机确认后，可自动恢复或通过按压复位按钮实现故障解锁。系统对故障实行等级分类，分为轻微故障、中等故障、严重故障。当发生故障时，显示器会提示或报警并给出故障处理意见。

牵引逆变器设置有完善的故障保护功能，当故障发生时 DCU 能迅速做出反应，对故障进行处理或隔离，保护设备不受损害，并使故障能控制在有限范围之内，确保故障不会进一步扩大或失控，为车辆的安全和可靠运行提供有力的保证。DCU 根据故障对列车运营和对牵引系统功能的影响，对故障实行等级分类，并设置不同的复位条件，详见表 1-4-5。

“DCU 自动复位”是指故障消失后，DCU 自动清除故障并重新投入工作；“手动复位”指故障发生后，DCU 会锁定故障直至司机按“复位”按钮，故障消失且通过“复位”按钮清除故障后，DCU 才重新投入工作；“不可复位/隔离”是指故障发生后 DCU 会一直锁定故障，只有断电复位才能清除。

表 1-4-5　牵引逆变器的故障表

序号	故障现象	直接原因	处理方法
1	发出充电合命令且检测充电接触器为断开状态：发跳开短接接触器和充电接触器指令并封锁模块脉冲	充电接触器卡分故障	需硬线复位，检查充电接触器或外部线路
2	发出充电分命令且检测充电接触器为闭合状态：发跳开短接接触器和充电接触器指令并封锁模块脉冲	充电接触器卡合故障	需硬线复位，检查充电接触器或外部线路

续表

序号	故障现象	直接原因	处理方法
3	发出短接合命令且检测短接接触器为断开状态：发跳开短接接触器和充电接触器指令并封锁模块脉冲	短接接触器卡分故障	需硬线复位，检查短接接触器或外部线路
4	发出短接分命令且检测短接接触器为闭合状态：发跳开高速断路器、跳开短接接触器和充电接触器指令并封锁模块脉冲	短接接触器卡合故障	需硬线复位，检查短接接触器或外部线路
5	高速断路器闭合后，主断线圈未减载信号为高电平：跳开高速断路器、跳开短接接触器和充电接触器、封锁模块脉冲	主断线圈未减载	需硬线复位，检查高速断路器或外部线路
6	电网电压检测网压值＞2 500 V：满开高速断路器、晚开短接接触器和充电接触器、封锁模块脉冲	网压过压 2	需硬线复位
7	网压值＞2 000 V：封锁模块脉冲	网压过压 1	网压值＜1 900 V 后，DCU 自动复位
8	中间电压值＞2 100 V：跳开高速断路器、跳开短接接触器和充电接触器、封锁模块脉冲	中间电压过压 2	需硬线复位
9	中间电压值＞2 100 V：封锁模块脉冲	中间电压过压 1	中间电压值＜1 900 V 后，DCU 自动复位
10	主断闭合后，检测网压＜1 000 V：跳开短接接触器和充电接触器、封锁模块脉冲	网压欠压	网压值＞1 050 V 后，DCU 自动复位
11	主断闭合后，检测中间电压＜1 000 V：跳开短接接触器和充电接触器、封锁模块脉冲	中间电压欠压	中间电压值＞1 050 V 后，DCU 自动复位
12	发出充电命令且充电状态反馈闭合状态后，检测直流电压＜网压的 85%：跳开短接接触器和充电接触器、封锁模块脉冲	充电不良故障	需硬线复位：检查充电回路和充电电阻或外部线路
13	检测本车综合速度＞80 mm/h：封锁牵引力	超速报警	检测本车综合速度＜78 km/h（暂定），DCU 自动复位
14	中间电流瞬时值＞1 350 A：跳开高速断路器、跳开短接接触器和充电接触器、封锁模块脉冲	中间电流过流	需硬线复位
15	逆变输出相电流瞬时值＞2 050 A：封锁模块脉冲	逆变过流	3 次之内 DCU 自动延时复位，超过 3 次需要硬线复位
16	斩波电流 1 瞬时值＞850 A：跳开高速断路器、跳开短接接触器和充电接触器、封锁模块脉冲	斩波 1 过流	需硬线复位

续表

序号	故障现象	直接原因	处理方法
17	斩波电流 2 瞬时值＞850 A：跳开高速断路器、跳开短接接触器和充电接触器、封锁模块脉冲	斩波 2 过流	需硬线复位
18	检测到“模块过热”信号有效状态：封锁模块脉冲	模块过热	检测到“模块 1 过热“信号无效，DCU 自动复位
19	开通斩波而未检测到斩波电流	斩波无流	检查传感器、斩波回路
20	未开通斩波而检测到有斩波电流	未斩有流	检查传感器、斩波回路
21	软件判断制动电照湿度超温：封锁电制动，禁止斩波	软件判断制动电阻超温	检查制动电阻或外部线路
22	检测到制动电阻风压异常信号为高电平：封锁电制动，禁止斩波	制动电阻风压异常	检查制动电阻或外部线路
23	模块 A 相上管 IGBT 元件故障：跳开高连断路器、跳开短接接触器和充电接触器、封锁模块脉冲	模块 A 相上管故障	需硬线复位：检查相应模块和脉冲分配板是否正常
24	模块 A 相下管 IGBT 元件故障：跳开高连断路器、跳开短接接触器和充电接触器、封锁模块脉冲	模块 A 相下管故障	需硬线复位：检查相应模块和脉冲分配板是否正常
25	模块 B 相上管 IGBT 元件故障：跳开高连断路器、跳开短接接触器和充电接触器、封锁模块脉冲	模块 B 相上管故障	需硬线复位：检查相应模块和脉冲分配板是否正常
26	模块 B 相下管 IGBT 元件故障：跳开高连断路器、跳开短接接触器和充电接触器、封锁模块脉冲	模块 B 相下管故障	需硬线复位：检查相应模块和脉冲分配板是否正常
27	模块 C 相上管 IGBT 元件故障：跳开高连断路器、跳开短接接触器和充电接触器、封锁模块脉冲	模块 C 相上管故障	需硬线复位：检查相应模块和脉冲分配板是否正常
28	模块 C 相下管 IGBT 元件故障：跳开高连断路器、跳开短接接触器和充电接触器、封锁模块脉冲	模块 C 相下管故障	需硬线复位：检查相应模块和脉冲分配板是否正常
29	模块斩波元件 1 故障：跳开高速断路器、跳开短接接触器和充电接触器、封锁模块脉冲	模块斩波管 1 故障	需硬线复位：检查相应模块是否正常
30	模块斩波元件 2 故障：跳开高速断路器、跳开短接接触器和充电接触器、封锁模块脉冲	模块斩波管 2 故障	需硬线复位：检查相应模块是否正常

续表

序号	故障现象	直接原因	处理方法
31	模块管故障状态与模块总故障状态同时存在	模块元件总故障	需硬线复位：检查相应模块是否正常
32	1 轴速度信号异常并超过一定时间：报警	速度传感器 1 故障	故障后，DCU 自动复位：检查相应速度传感或外部线路
33	2 轴速度信号异常并超过一定时间：报警	速度传感器 2 故障	故障后，DCU 自动复位：检查相应速度传感或外部线路
34	3 轴速度信号异常并超过一定时间：报警	速度传感器 3 故障	故障后，DCU 自动复位：检查相应速度传感或外部线路
35	4 轴速度信号异常并超过一定时间：报警	速度传感器 4 故障	故障后，DCU 自动复位：检查相应速度传感或外部线路
36	检测到电机 1 温度值＞180 °C：封锁模块脉冲	1#电机超温保护	检测到电机 1 温度值＜160 °C 后，DCU 自动复位：检查相应温度传感器或外部线路
37	检测电机 2 温度值＞180 °C：封锁模块脉冲	2#电机超温保护	检测到电机 2 温度值＜160 °C 后，DCU 自动复位：检查相应温度传感器或外部线路
38	检测电机 3 温度值＞180 °C：封锁模块脉冲	3#电机超温保护	检测到电机 3 温度值＜160 °C 后，DCU 自动复位：检查相应温度传感器或外部线路
39	检测电机 4 温度值＞180 °C：封锁模块脉冲	4#电机超温保护	检测到电机 4 温度值＜160 °C 后，DCU 自动复位：检查相应温度传感器或外部线路
40	检测到电机 1 温度值超过 220 °C，或低于-50 °C：报警	电机温度传感器 1 故障	故障后，DCU 自动复位：检查相应温度传感器或外部线路
41	检测到电机 2 温度值超过 220 °C，或低于-50 °C：报警	电机温度传感器 2 故障	故障后，DCU 自动复位：检查相应温度传感器或外部线路
42	检测到电机 3 温度值超过 220 °C，或低于-50 °C：报警	电机温度传感器 3 故障	故障后，DCU 自动复位：检查相应温度传感器或外部线路
43	检测到电机 4 温度值超过 220 °C，或低于-50 °C：报警	电机温度传感器 4 故障	故障后，DCU 自动复位：检查相应温度传感器或外部线路
44	合短接接触器后，检测直流电压与网压值相差 50 V（暂定）：报警	电压传感器故障	DCU 自动复位：检查网压和中间电压传感器或外部线路
45	撤销“主断允许”且检测到主断状态反馈为闭合：报警	高速断路器卡合	检查高速断路器或外部线路
46	发出合主断命令后，检测到主断状态为断开：报警	高速断路器卡分	检查高速断路器或外部线路

四、知识拓展

（一）绝缘栅双极型晶体管（IGBT）

IGBT 元件属于电压驱动的全控型开关器件，脉冲开关频率高、性能好、损耗小且自保护能力强。无论对于运输部门，还是对于制造厂商，IGBT 变流器都有两个重要的优点：第一个是该变流器组装成本低并且提高了牵引系统的效率；第二个优点在于这种牵引系统具有较高的可靠性和可用性，有利于 IGBT 变流器迅速投入使用。与 GTO 晶闸管不同的是 IGBT 晶体管由电压控制，元件输入电容的充放电控制电流很小，其门极控制电路大为简化。

因此，在牵引传动领域中，IGBT 起到越来越重要的作用。从大功率的机车、动车组到地铁车辆、轻轨车辆、磁悬浮列车等应用场合，IGBT 都得到了应用。

（二）牵引逆变器的控制方式

牵引逆变器的控制经历了凸轮调阻、斩波调压和调频调压（VVVF）3 种方式。

目前，城市轨道交通车辆牵引逆变器的典型主电路主要有 3 种：

（1）采用 1 个变流器模块驱动 4 台牵引电机（1C4M）的车控方式的主电路。

（2）采用 2 个变流器模块驱动 4 台牵引电机（2C4M）的架控方式的主电路。

（3）采用 2 个变流器模块驱动 4 台牵引电机（2C4M）的车控方式的主电路。

目前供电制式主要有两种：一种是 DC 750 V 供电电压制式，另一种是 DC 1 500 V 供电电压制式。

大功率电力电子器件的散热方式有多种，如强迫风冷、水冷、油冷等，其中油冷及水冷系统较为复杂，强迫风冷会产生较大的噪声。牵引逆变器采用热管走行风冷，这样既保留了风冷散热器结构简单、维护方便的特点，又保证了散热效率，而且无噪声、无污染。

任务考核

表 1-4-6　任务考核单

<table>
<tr><td colspan="6">任务名称：牵引逆变器的检修</td></tr>
<tr><td>专业</td><td>课程</td><td>班级</td><td>姓名</td><td>学号</td><td>考核</td></tr>
<tr><td></td><td></td><td></td><td></td><td></td><td></td></tr>
<tr><td>作业准备</td><td colspan="5">穿好劳动防护用品，戴好安全帽</td></tr>
<tr><td>安全要点</td><td colspan="5">注意用电安全；非作业人员在安全距离外</td></tr>
<tr><td colspan="6">一、知识总结
问题 1：牵引逆变器的主要性能有哪些？
____
问题 2：牵引逆变器的工作原理是什么？
____
二、操作运用
操作 1：根据所学知识完成下列填空。</td></tr>
</table>

列车受电弓从＿＿＿＿＿受流，通过＿＿＿＿＿后，将 DC 1 500 V 送入 VVVF 牵引逆变器。VVVF 牵引逆变器采用＿＿＿＿＿调制模式，将 1 500 V 直流电逆变成＿＿＿＿＿、＿＿＿＿＿可调的三相交流电，平行供给车辆 4 台＿＿＿＿＿牵引电动机，对电动机进行调速，实现列车的＿＿＿＿＿功能。

操作 2：根据所学知识完成识图并填表。

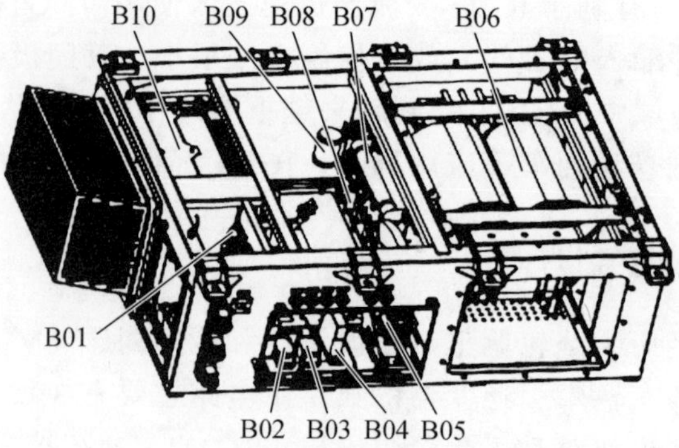

编号	名称	代号	编号	名称	代号
B01			B02		
B03			B04		
B05			B06		
B07			B08		
B09			B10		

操作 3：完成对牵引逆变器相关部件的测量

测量项目 1	测量值 1	测量值 2	分析数据	结论
耐压测试				
标准			使用工具	
备注	① 记录数据保留到小数点后两位，填写单位；② 记录数据应该清晰工整			

测量项目 2	测量值 1	测量值 2	分析数据	结论
绝缘测试				
标准			使用工具	
备注	① 记录数据保留到小数点后两位，填写单位；② 记录数据应该清晰工整			

测量项目 3	测量值 1	测量值 2	分析数据	结论
续流二极管测试				
标准			使用工具	
备注	① 记录数据保留到小数点后两位，填写单位；② 记录数据应该清晰工整			

续表

三、任务小结 收获：________________ 失误：________________ 四、成绩评定				
评价等级	知识掌握	过程操作	团队协作	自主学习
指导老师（签字）		日期		

任务五　牵引电机检修

任务要求

（1）认知牵引电机的结构、工作原理及技术参数。

（2）掌握牵引电机的检修及测量。

（3）掌握牵引电机常见故障的处理方法。

任务准备

牵引电机模型、仪器仪表、多媒体设备等。

任务实施

一、牵引电机的结构、工作原理及技术参数

（一）牵引电机的结构

凡用于带动城轨车辆运行的电动机通常称为牵引电机。牵引电机有许多类型，目前城市轨道交通车辆应用最广泛的牵引电机是 4 极自通风三相鼠笼式异步牵引电动机，其采用的架承式悬挂（全悬挂）安装在转向架上，通过联轴节进行传动，由 VVVF 牵引逆变器进行供电。

作为驱动列车和产生制动力的动力来源，牵引电机经齿轮箱与动车的驱动轮对机械连接，并按照运行要求提供牵引力和制动力，以使列车加速或制动。每台动车转向架配有 2 台牵引电机。

牵引电机由定子、转子、传动端端盖、非传动端盖组成，其实物如图 1-5-1 所示。

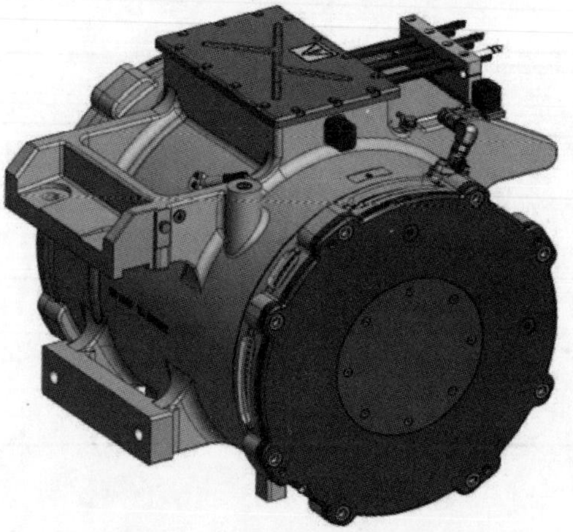

图 1-5-1　牵引电机实物图

1. 定子

定子结构如图 1-5-2 所示。定子 3 是一个铸件。其磁路 7 由有磁性能的硅钢片叠压组成。由硅钢片 8、6 和压圈 9、5 叠压成整体，压圈 9 抵在定子 3 的挡肩上，另一边，压圈 5 由锁 4 紧固并提供有焊接点。在端盖一侧的机壳上有孔，防止杂质进入电机入口，每个孔都由导线焊接形成栅格 12 和 2。通过该圆形孔，冷气流经过压圈 9、5，硅钢片 8、6 和定子叠压组件 7。定子绕组 9 嵌入在定子槽内。

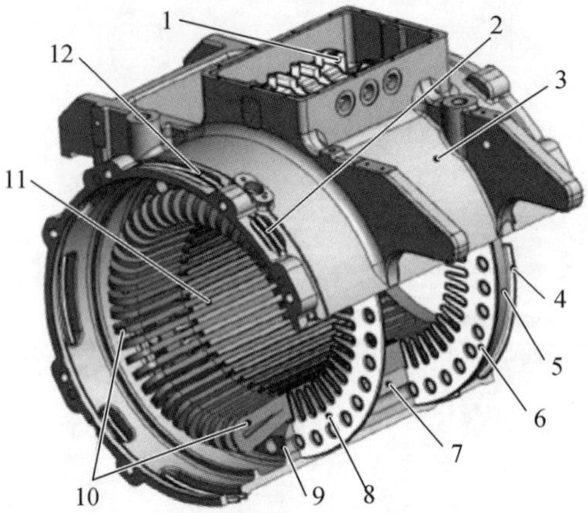

图 1-5-2　定子结构图

2. 转子

转子结构图如图 1-5-3 所示。转子由转轴 8、传动端转子压圈 6、非传动端转子压圈 11 之间的磁性冲片 10 叠压而成。在一端，传动端转子压圈 6 和叠压件被轴肩固定，而在另一端，非传动端转子压圈 11 用螺母 3 锁紧固定。转矩通过转子铁芯 10 和转轴 8 传递。梯形槽内铜导条 5 在槽口轴向张紧固定。两端的端环 9 与导条 5 感应钎焊在一起。风扇 13 和降噪环 1 通过螺钉及垫片 15 固定在风扇支座上，风扇支座压入在轴 8 非传动端，由键 12 固定防止转动。传动端密封环 7 在另一侧压入。整个转子通过放置在转子压圈 6 和风扇 13 平衡槽内的平衡块平衡。

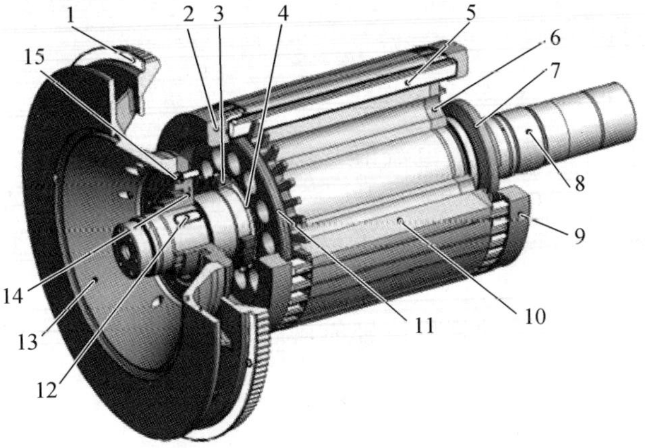

图 1-5-3　转子结构图

3. 非传动端端盖

非传动端端盖组件由铸铁件加工而成，通过螺栓 1 固定在定子端部，如图 1-5-4 所示。端盖 2 底部装有油嘴 3 可注入油脂润滑轴承，用油嘴塞帽保护。

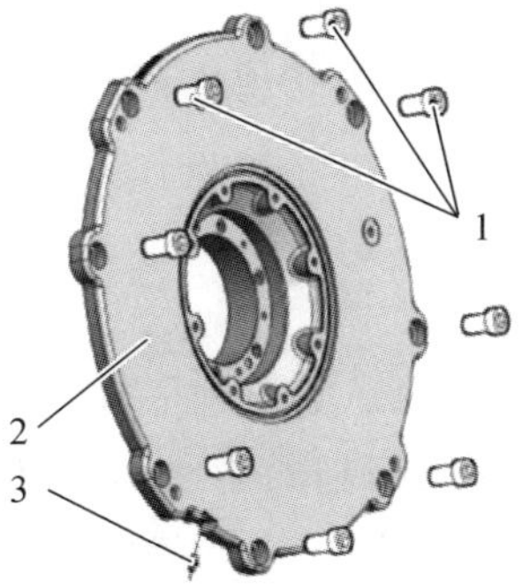

图 1-5-4　非传动端端盖结构图

4. 传动端端盖

传动端端盖由铸件加工而成，用螺栓 1 固定在定子端部，如图 1-5-5 所示。端盖 2 底部装有油嘴 3 可注入油脂润滑轴承，用油嘴塞帽保护。端盖底部有油脂收集腔。

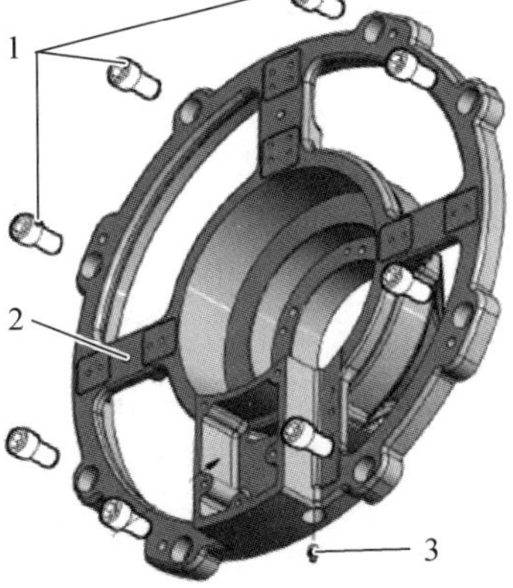

图 1-5-5　传动端端盖结构图

（二）牵引电机的功能

1. 牵引电机的过流保护

牵引逆变器通过电流传感器采集电流值，并将其传输到 DCU 中。当逆变输出电流大于保护门槛值（Iphase_max=2 100 A）时，触发逆变器过流故障，并将故障锁死，通过 DCU 记录逆变过流故障次数：不超过 3 次，由软件自动复位故障；超过 3 次，该故障被锁死，逆变也被封锁。

故障被锁死后，只有通过手动复位信号或重启 DCU，才会消除该故障，同时将故障次数清零。

2. 牵引电机过温保护

牵引电机温度检测是采用 PT100 温度传感器进行监控的。温度传感器直接埋入牵引电机定子铁芯，以便监控牵引电机铁芯温度。温度传感器包含 1 个 PT100 热电阻，有 5 根接线，包含 1 对电源电缆、1 对信号反馈电缆、2 个 PT100 电源和屏蔽接地线缆。

PT100 温度传感器是一个将温度变量转换为可传送的标准化输出信号的器件，其阻值跟温度变化成正比关系，当热电阻温度为 0 °C 时，其电阻值为 100 Ω。

在电机的过温保护中，通过 DCU 设定相应的温度值。出现过温时，采用降功率运行或者停止牵引/制动。

（三）牵引电机的工作原理

牵引电机工作原理如图 1-5-6 所示。当磁铁旋转时，磁感线切割闭合的导体，磁感线与闭合的导体发生相对运动，鼠笼式导体切割磁力线而在其内部产生感应电动势和感应电流，感应电流又使导体受到一个电磁力的作用，于是导体就沿磁铁的旋转方向转动起来，这就是异步电动机的基本原理。

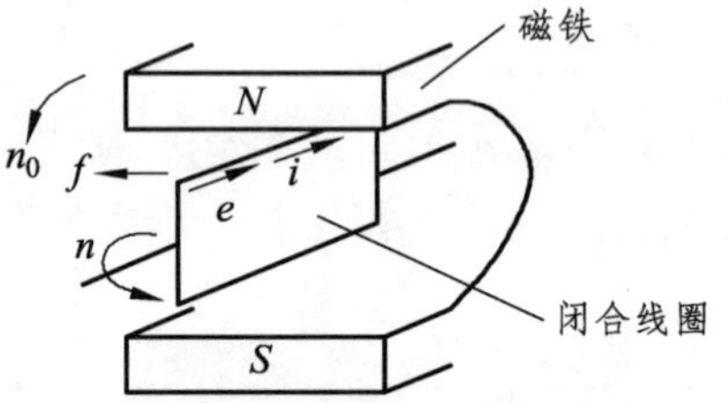

图 1-5-6　牵引电机工作原理

Mp 车的受电弓从接触网上取得 DC 1 500 V 的电流，该电流经过列车牵引逆变器转换成三相交流电，并输送给交流牵引电动机（三相异步电动机）定子上空间位置相差 120°的三相绕组，使定子三相绕组中有对称的三相电流流过，从而在气隙中产生旋转磁场。转子绕组在这个旋转磁场中感应出电动势，转子的感应电动势在自我闭合回路的转子绕组中产生电流。转子电流与旋转磁场相互作用，产生电磁力，形成使转子旋转的电磁转矩，转轴通过联轴器和齿轮箱把转矩传送给车辆转向架的车轴，带动车轮滚动，驱动列车运行。

（四）牵引电机的技术参数

表 1-5-1　牵引电动机的技术参数

型号	YJ250B264	额定功率/kW	190
类型	三相鼠笼式异步牵引电动机	额定电压/V	1 050
极数（极）	4	最高电压/V	1 404 V
绝缘等级	200 级	额定电流/A	134
额定转差率	0.009	牵引工况短时最大电流/A	184.4
冷却方式	自通风	电制动工况短时最大电流/A	248.9 A
安装方式	架悬式安装	额定转矩/N · m	1 002
齿轮传动比	6.687 5（107/16）	启动转矩/N · m	1 482
齿轮传动效率	0.98	短路转矩/N · m	9 800
工作制	S1	额定转速/（r/min）	1 810
绝缘等级	200 级	最高转速/（r/min）	3 686（全磨耗）
额定功率因数（基波值）	0.87	额定功率/Hz	60.9
防护等级	IP23（接线盒 IP65）	牵引工况短时最大功率/kW	273.6
噪声要求	＜112 dB（3 686 r/min）	电制动工况短时最大功率/kW	456
质量（kg，不含联轴节、三相电缆）	≤590	额定效率/%	92.8

二、牵引电机的检修与测量

（一）牵引电机的检修

牵引电机的检修分为日检、双周检、三月检和年检（定修）。这些修程属于第一线维修（低级修程）。其中日检、双周检、三月检检修的内容是一样的。牵引电机检修的内容如表 1-5-2 所示。

表 1-5-2　牵引电机的检修内容

检修内容	检修标准	日检	双周检	三月检	年检
检查牵引电机、温度及速度传感器、线缆外观	（1）清除电机滤网杂物，清除电机外部油污				√
	（2）电机外观应完好，连接引线无损坏	√	√	√	√
	（3）速度传感器及温度传感器外观状态良好，传感器线无断裂破损现象。 （4）端盖外观状态良好，油堵及油堵盖帽完整		√	√	√
	（5）电机及传感器各安装螺栓及本身螺栓紧固无松动，划线清晰无错位			√	√
检查及清洁牵引电机格栅	清洁壳体的排水孔，对风口网格进行吹尘			√（偶）	√

续表

检修内容	检修标准	日检	双周检	三月检	年检
检查轴承装配是否油脂泄露	检查电机轴端是否有大量油污		√	√	√
重新润滑轴承	（1）用轴承润滑脂对驱动端轴承进行润滑。 （2）用轴承润滑脂对非驱动端轴承进行润滑				√

（二）牵引电机的测量

1. 电动机定子三相绕组首尾端的判断

用万用表“Ω”挡先确定哪两个头属于一相绕组。

每相绕组中任选一个头连接在一起，再把其余三个头连在一起。然后将万用表的直流毫安挡连在节点之间，用手转动电动机转子：① 若表针不摆动，表示两个节点分别为各相绕组的首尾；② 如果表针摆动，表明节点中有首尾是混在一起的。此时，可将任意相绕组的两个头对调，再测一次。若表针仍摆动，再将另外一相绕组的两个头对调，再测。若表针还摆动，则将第一次对调的两个头调回即可（直到表针不摆动为止）。

具体步骤如下：

（1）先用摇表或万用表的电阻挡，分别找出三相绕组的各相两个线头。

（2）给各相绕组编号为 U1 和 U2、V1 和 V2、W1 和 W2。

（3）用手转动电动机转子，如万用表（微安挡）指针不动，则证明假设的编号是正确的；若指针有偏转，说明其中有一相首尾端假设编号不对，应逐相对调重测，直至正确为止。

2. 对地绝缘电阻测量

（1）开路检查：在摇表未接通被测电阻前，把端钮 L 和 E 悬空，摇动手柄让发电机达到 2 r/s（每秒保持 2 圈）的额定转速，摇表指针应指在标度尺“∞”位置。

（2）短路检查：将端钮 L 和 E 短接，慢慢摇动手柄，指针应指在标度尺的“0”位置。

（3）绝缘测试：使用 DC 1 000 V 兆欧表测量定子绕组对地绝缘，绝缘值≥100 MΩ，如不达标，则定子绕组重新浸漆、烘干，若仍然超标，则更换线圈绕组。

三、牵引电机常见故障及处理方法

设备出现功能故障时，应尽量在安装好的状态下查找原因。找出原因后可以借助排除方法来排除故障，如表 1-5-3 所示。

表 1-5-3　牵引电动机电气故障及处理

故障	原因	处理方法
三相交流电动机的运转方向错误	电气连接错误	通过交换相位排除
三相交流电动机无法启动	设备的电气控制失灵	检查插头连接
出现异常噪声	设备损坏	拆下设备并送去维修
发出噪声，同时伴随高温		

牵引电机常见故障包括响、过热、漏油等，常见故障及处理方法如表 1-5-4 所示。

表 1-5-4　牵引电机常见故障及处理方法

故障	故障点	原因	处理方法
异响	轴承	裂纹、生锈和轴承损坏	更换新轴承
	转子	异物进入气隙	抽出转了并观察，检查是否有异物进入电机
过热	转子、定子	通风不畅	（1）检查转子通风孔是否被灰尘堵塞。 （2）检查电机内部是否有灰尘沉积。 （3）检查进风孔和出风孔是否被灰尘堵塞
	轴承	过载	检查列车是否超负荷运行
震动	转子	转子不平衡	抽出转子并观察，检查转轴是否弯曲，检查平衡块是否正确安装，校正平衡
	轴承	裂纹、生锈、损伤、装配故障	检查各部件的装配尺寸是否正确；检查轴承部件是否正常
绝缘击穿	定子绕组	断路	（1）检查绝缘是否破损。 （2）检查线圈绑扎部分是否安全固定无松动。 （3）检查绝缘强度是否正常，更新短路部分绝缘
漏油	轴承	润滑脂过量	检查润滑脂加入量是否正确

四、知识拓展

（一）直流电机与交流电机的区别

直流电机具有良好的启动特性和调速特性，因此，对于调速性能要求较高的大型设备，比如轧钢机，都采用直流电动机拖动。但它存在着直流换向问题，并且结构复杂，维护检修不方便，消耗有色金属也多。交流电机成本较低，但启动性和调速性较差。

直流电机与交流电机对比如表 1-5-5 所示。

表 1-5-5　直流电机与交流电机对比

	直流电机	交流电机
优点	（1）直流电机具有良好的启动特性和调速特性。 （2）直流电机的转矩比较大。 （3）维修比较便宜。 （4）直流电机的直流相对于交流比较节能环保。 （5）结构简单、维护容易、对环境要求低以及节能和提高生产力	（1）交流电机制造比较便宜。 （2）随着矢量变频技术的发展，已经可以用变频电机模拟成直流电。 （3）交流调速已经广泛运用于工农业生产、交通运输、国防以及日常生活之中
缺点	（1）直流电机制造比较贵。 （2）有炭刷	交流电机的启动性和调速性较差

(二)永磁同步电机与交流异步电机的区别

交流电机根据转速可分为同步电机与异步电机。

1. 同步电机

同步电机的主要运行方式有三种，即作为发电机、电动机和补偿机运行。作为发电机运行是同步电机最主要的运行方式，作为电动机运行是同步电机的另一种重要的运行方式。同步电机的功率因数可以调节，在不要求调速的场合，应用大型同步电动机可以提高运行效率。小型同步电动机在变频调速系统中得到较多的应用。

同步电机还可以接于电网作为同步补偿机。这时电机不带任何机械负载，靠调节转子中的励磁电流向电网发出所需的感性或者容性无功功率，以达到改善电网功率因数或者调节电网电压的目的。

2. 异步电机

异步电机是一种交流电机，其负载时的转速与所接电网的频率之比不是恒定关系，还随着负载的大小发生变化。负载转矩越大，转子的转速越低。异步电机包括感应电机、双馈异步电机和交流换向器电机。感应电机应用最广，在不致引起误解或混淆的情况下，一般可称感应电机为异步电机。

两种电机性能对比如表 1-5-6 所示。

表 1-5-6　两种电机性能对比

序号	永磁同步电机	异步电机
耗电量	电机的磁场是由永磁体产生，不需电能	励磁电流来产生磁场而导致励磁损耗
效率	轻载时效率值高	设计裕量，90%以上是工作在额定功率的 70%以下，轻载时效率低
功率因数	功率因数可调节，甚至可以设计等于 1	极数越多，功率因素越低
电机结构	可以直接驱动负载，从而省去了减速齿轮箱	转子上需要安装导条、短环或转子绕组
可靠性	相当，由于无减速箱，在某些负载条件下可以省去轴承	相当
性能	低频时的输出力矩较异步电机大，运行时的噪音小	噪音大
	转子无电阻损耗	有无功电流
	同体积、同质量功率可提高 30%左右，同功率容量的体积、质量、所用材料可减少 30%	

任务考核

表 1-5-7　任务考核单

任务名称：牵引电机的检修					
专业	课程	班级	姓名	学号	考核
作业准备	穿好劳动防护用品，戴好安全帽				
安全要点	注意用电安全，非作业人员在安全距离外				

一、知识总结

问题 1：牵引电机的基本结构有哪些？

问题 2：牵引电机的工作原理是什么？

拆装过程若出现故障，请填写：

故障原因：

处理措施：

二、操作运用

操作 1：根据所学知识完成识图并填表。

编号	名称	编号	名称	编号	名称
1		2		3	
4		5			

操作 2：完成对牵引电机的测量。

测量项目 1	测量值 1（U、V）	测量值 2（U、W）	测量值 2（V、W）	结论
相间绝缘测试				
标准		使用工具		
备注	① 记录数据保留到小数点后两位，填写单位；② 记录数据应该清晰工整			

续表

测量项目 2	测量值 1（U 相）	测量值 2（V 相）	测量值 2（W 相）	结论
对地绝缘测试				
标准			使用工具	
备注	① 记录数据保留到小数点后两位，填写单位；② 记录数据应该清晰工整			

三、任务小结

收获：______

失误：______

四、成绩评定

评价等级	知识掌握	过程操作	团队协作	自主学习
指导老师（签字）		日期		

任务六　制动电阻器的检修

任务要求

（1）认知制动电阻器的结构、工作原理及技术参数。

（2）掌握制动电阻器的检查及测量。

（3）掌握制动电阻器常见故障的处理方法。

任务准备

制动电阻器模型，仪器仪表、多媒体设备。

任务实施

一、制动电阻器的结构、工作原理及技术参数

（一）制动电阻器的结构

电阻制动是地铁车辆的一种常见制动方式，它将原来驱动轮对的牵引电动机转变为发电机，利用列车的惯性由轮对带动电动机转子旋转而发电，从而产生反转力矩，消耗列车的动能，达到制动的目的。电机发出的电流通过专门设置的制动电阻器，产生的热量采用通风散热方式消散于空气中。

制动电阻器框架表面采用电解抛光（亮光）处理，主要由冷却风机、构架、风压保护

装置、出风罩和包含两个支路的电阻 BR01（接线端为 CH1 和 CHn1）和 BR02（接线端为 CH2 和 CHn2）组成，这两个支路的电阻安装于构架上，每个支路的电阻由 6 个电阻单元串联组成。该装置结构如图 1-6-1 所示。

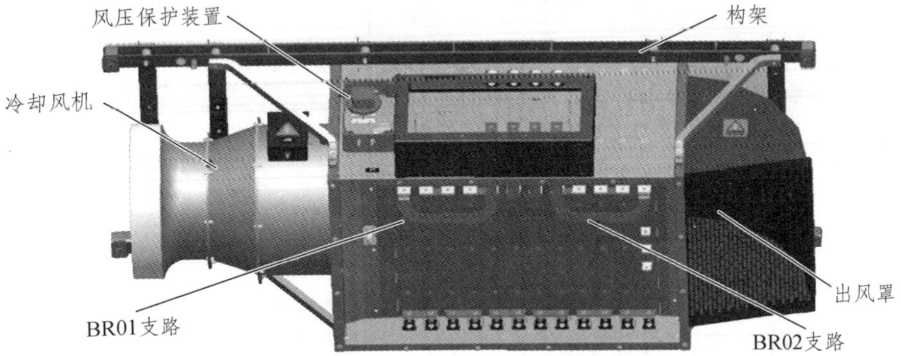

图 1-6-1　制动电阻结构图

电阻单元由电阻带、螺杆和绝缘子等元件组成，绝缘子采用高强度、高硬度的 95 瓷制作，提高其可靠性。电阻单元结构如图 1-6-2 所示。

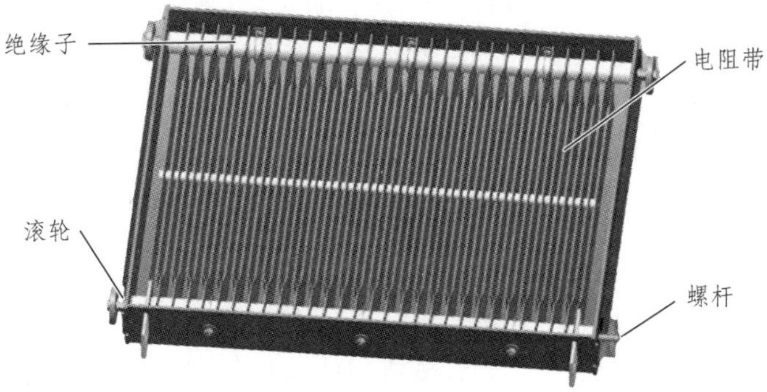

图 1-6-2　电阻单元结构图

制动电阻器的各元件如图 1-6-3 所示，具体说明如表 1-6-1 所示。

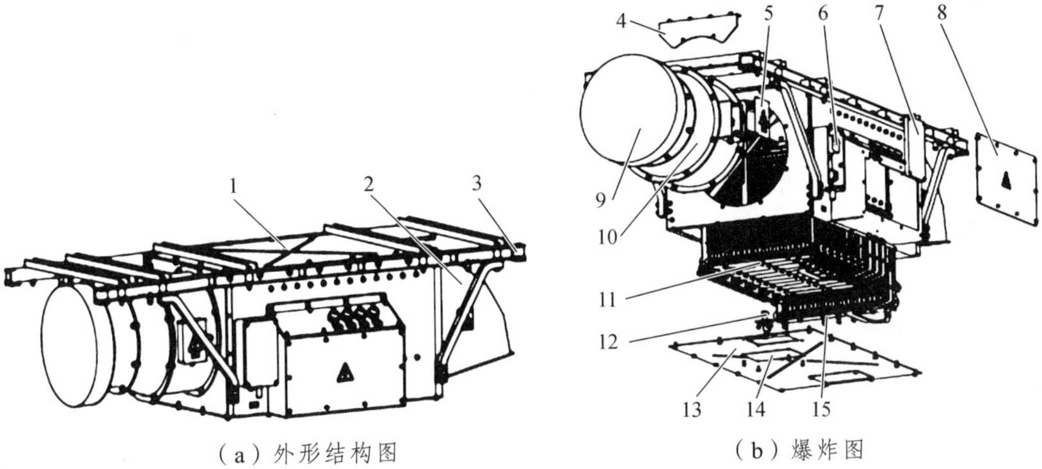

图 1-6-3　制动电阻各元件标识

表 1-6-1　制动电阻器配置说明

序号	名称	数量	序号	名称	数量
1	顶板	1	9	风机网罩	1
2	排风罩	1	10	风机	1
3	构架组件	1	11	电阻单元 B	1
4	风机吊装板	1	12	气咀	1
5	风机接线盒盖板	1	13	底板	1
6	风压继电器	1	14	气咀观察口盖板	1
7	控制盒盖板	1	15	电阻单元 A	1
8	电器盒盖板	1			

（二）制动电阻器的功能与安装

1. 吸收车辆制动能量

制动电阻器接在牵引主电路上，当地铁车辆制动时，牵引逆变器再生制动，将电机产生的能量反馈至电网；当电网电压无法吸收过多能量时，投入电阻制动，牵引电机产生的电流通过制动电阻，将电流产生的能量转换成热能耗散在大气中。

在车辆牵引/电制动过程中，由于空转、滑行或其他原因引起中间直流电压瞬时过压，通过开通斩波桥臂将能量消耗在制动电阻上来限制中间电压。

2. 故障报警

制动电阻还装有一套风压保护装置。当风机正常工作时，风压保护装置输出触点为闭合状态（输出高电平）；当风机未工作或故障时，触点断开（输出低电平），风压保护装置就会给系统一个信号，牵引逆变器切除电制动，从而保护制动电阻。

3. 制动电阻器的安装

电阻单元安装在不锈钢制成的构架内。电阻单元上安装有滚轮，利用滚轮可以将电阻单元沿导轨推入构架。导轨与构架间通过绝缘子连接，这样保证了电阻单元和构架的绝缘。风机安装在构架的前端，为电阻单元提供冷却空气，风机网罩阻止风机吸入异物。排风罩安装在构架的后端，为冷却电阻单元的空气提供出口。

（三）制动电阻器的工作原理

车辆在下坡或者其他需要减速的场合进行制动过程时，牵引逆变器将足量的机车减速能量变为电能馈送电网，逆变器只提供电网有能力吸收的能量。

电气动力制动过程中，如果车上的电动机停止从电网获取电能，电动机成为发电机，在发电的过程中电机会产生反力矩促使列车减速，由牵引电机产生的电能超过接触网吸收电压值而不能被电网吸收，电流就流过制动电阻器，制动电阻器的电阻单元 A、电阻单元 B 发热，把电能转变为热能，再利用通风机冷却制动电阻，将热能耗散在空气中。

车辆在运行的过程中有时会遇到直流电压上升的情况，为了防止直流电压上升超过允许范围，需要利用制动电阻的开通来降低相应的过电压。

（四）制动电阻的技术参数

表 1-6-2　制动电阻器的技术参数

序号	参数项	具体项	参数值
1	制动电阻器电阻值	额定电阻值（20 °C）	BR01，BR02=3（1±5%）Ω
		额定工况下最大阻值	BR01，BR02≤3.75 Ω
2	制动电阻器工作电压	额定工作电压	DC 1 800 V
		最高工作电压	DC 1 950 V
3	制动电阻器电阻带	电阻带材质	镍铬合金带
		电阻带最高工作温度	≤640 °C
4	制动电阻器主要参数	负荷条件	单路电阻 850 kW 持续运行 1.4 s，然后在 23 s 内成线性下降至 0
		工作制	断续制（24.4 s ON，85.6 s OFF，周期 110 s）
		额定平均功率	2×100 kW
		最大功率	2×850 kW
		质量	350（1±2%）kg
5	制动电阻器风机主要参数	风机型号	TJZ460-IFA
		风机流量	1.7 m^3/s
		风机风压	320 Pa
		风机转速	1 450 r/min
		风机噪声值（声压级）	≤83 dB（A）
		风机动平衡	风机平衡品质等级 G2.5
		风机振动量	振动位移≤2.8 mm/s
		风机防护等级	IP20
6	电机主要参数	电机型号	M2QA90S4A-W
		电机工作电压	AC 380（1±5%）V，50 Hz
		电机额定功率	1.1 kW
		电机满负荷输入功率	1.8 kV·A
		电机满载电流	2.75 A
		电机启动电流	13 A
		电机功率因数	＞0.77
		电机效率	＞79%
		电机温升等级	B
		电机级数	4 级
		电机防护等级	IP55

续表

序号	参数项	具体项点	参数值
7	电机承受能力	电机 du/dt 承受能力	能承受 1 000 V/μs 的 du/dt
		电机 di/dt 承受能力	能承受 200 A/μs 的 di/dt
8	电机绝缘与冷却	电机绝缘耐压	2 500 V/50 Hz，1 min
		电机绝缘电阻	不小于 50 MΩ，500 V 兆欧表
		电机绝缘等级	H
		电机冷却方式	强迫风冷，电机轴端自带叶片
		电机工作制	S1

二、制动电阻器检修与测量

（一）制动电阻器的检修

制动电阻良好与否关乎城市轨道交通车辆能否正常运行，如果制动电阻发生故障，轻则引起启动车封锁，影响列车正常运营，重则引起电阻组件烧损或主电路其他元器件损坏。因此，为保证制动电阻器的技术状况良好，定期对制动电阻及其冷却风机进行检修是非常必要的。

表 1-6-3　制动电阻器检修

检修内容	检修标准	日检	双周检	三月检	年检
检查制动电阻箱体外观及安装	（1）箱体外观如骨架及风道应无损坏。 （2）目视电气连接线走线状态良好。	√	√	√	√
	（3）箱体安装及箱体本身紧固件无松动，划线清晰无错位			√	√
检查制动电阻风扇	制动电阻风扇叶片紧固良好，紧固件划线清晰无错位，外罩无损坏、杂物，外罩安装紧固件划线清晰无错位，对扇叶应进行除尘				√
制动电阻除尘	对制动电阻单元和底盖板进行除尘				√

（二）制动电阻器的测量

1. 使用电桥测量电阻组件的阻值

使用直流电桥测试每组电阻排阻值，阻值误差不超过实际值的 5%。

2. 制动电阻单元绝缘测试

使用绝缘电阻测试仪测试制动电阻单元与支撑座之间绝缘电阻阻值。测试要求：DC 1 000 V 电压、1 min 下，其值≥400 MΩ。

3. 测量制动电阻总阻值及绝缘电阻

使用直流电桥测试制动电阻总阻值，阻值误差不超过实际值的 5%。

使用绝缘电阻测试仪测试电阻段与电阻箱外壳之间绝缘电阻阻值。测试要求：DC 1 000 V 电压、1 min 下，其值≥400 MΩ。

三、制动电阻器常见故障及处理方法

制动电阻常见故障主要包括电流中断、电阻元件短路、风压继电器发出警示信号等，当故障发生时可参照表 1-6-4 所示方法进行分析及处理。

表 1-6-4　制动电阻器常见故障及处理方法

序号	故障现象	直接原因	处理方法
1	电流中断	风道阻塞或部分阻塞导致电阻过热	检查、清理阻塞物
		可能电阻元件之间连接故障	更换损坏的电阻元件，检查其他可能过热的连接处，如果仍可以使用，清洁该处并更换螺栓等，按正确的扭矩拧紧
2	主电路接地	一个或多个绝缘子损坏	检查绝缘子是否污染和破损。更换破损的绝缘子，检查绝缘电阻
3	电阻元件断路	制动电阻过热导致一个或几个电阻元件失效	检查、清理阻塞物
		电阻过载或超过设计额定值	核实工作循环没有超过额定值
		无风或风机失效	检查风机功能，确认能否转动自如，确认风机叶片角度是否正确；接电检查风机是否转动正常
4	元件间绝缘闪络	元件之间绝缘损坏、过热（电阻元件变形）或受到污染	如果只是受到污染，清洁并确认绝缘电阻达到要求值；如果电阻元件变形严重，则更换该元件
5	元件或连接对地闪络	有碎屑污染或绝缘损坏	去掉污染物，更换损坏的绝缘子
		外壳损坏导致电气间隙大大减小	修复损坏的外壳，若不能修复则更换
6	风压继电器发出警示信号	风压过低	检查是否有物体阻塞风机网罩，去掉阻塞物

四、知识拓展

能量吸收装置的类型：电阻耗能型、电容储能型、飞轮储能型和逆变回馈型。

（1）电阻耗能型将制动能量消耗在吸收电阻上，这是目前国内外应用比较普遍的方式，该方式控制简单、工作可靠、应用成熟，其主要缺点是该方式只能将电能转换为热能排掉，造成能源浪费，而且电阻散热会导致环境温度升高，因此需要相应的通风装置，即增加了相应的电能消耗。

（2）电容储能型将制动能量吸收到大容量电容器组中，当供电区间有列车需要取流时将所储存的电能释放出去，其主要缺点是需要设置体积庞大的电容器组，且因电容频繁处于充放电状态而导致其使用寿命短。

（3）飞轮储能型的基本原理与电容储能型一样，只是储能元件为飞轮电机，但由于飞轮长时间处于高速旋转状态，且飞轮质量也很大，故摩擦耗能问题严重，飞轮工作寿命短。

（4）逆变回馈型将车辆制动时的直流电逆变成工频交流电并与车站内 380 V 电网并网，使电能消耗在站内电梯、照明、通风等用电设施上，该吸收方式有利于能源的综合利用，实现了节能，但是技术复杂，设备投资很大。

任务考核

表 1-6-5　任务考核单

任务名称：制动电阻器的检修					
专业	课程	班级	姓名	学号	考核
作业准备	穿好劳动防护用品，戴好安全帽				
安全要点	注意用电安全，非作业人员在安全距离外				

一、知识总结

问题 1：制动电阻器的基本结构有哪些？

问题 2：制动电阻器的工作原理是什么？

二、操作运用

操作 1：完成制动电阻器拆装、识图并填表。

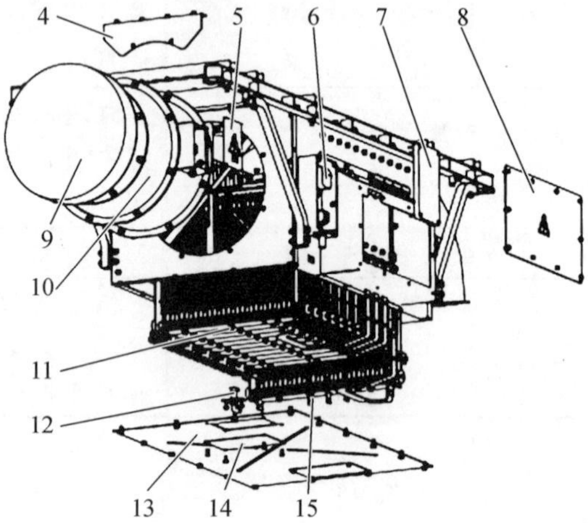

拆装过程若出现故障，请填写：

故障原因：

处理措施：

续表

编号	名称	编号	名称	编号	名称
4		5		6	
7		8		9	
10		11		12	
13		14		15	

操作 2：完成制动电阻器的项目测量

测量项目 1	测量值 1	测量值 2	测量值 3	测量值 4	分析数据	结论
电阻值						
标准	测试每组电阻排阻值，阻值误差不超过 5%				使用工具	直流电桥
备注	① 记录数据保留到小数点后两位，填写单位；② 记录数据应该清晰工整					

测量项目 2	测量值 1	测量值 2	测量值 3	测量值 4	分析数据	结论
绝缘						
标准	测试单组电阻排端子与电阻排支撑座之间绝缘电阻阻值，测试要求：DC 1 000 V 电压、1 min 下，其值≥400 MΩ				使用工具	绝缘电阻测试仪
备注	① 记录数据保留到小数点后两位，填写单位；② 记录数据应该清晰工整					

测量项目 3	测量值 1	测量值 2	测量值 3	测量值 4	分析数据	结论
制动电阻总阻值及绝缘电阻						
标准	使用直流电桥测试制动电阻总阻值，阻值误差不超过 5%。 使用绝缘电阻测试仪测试电阻排端子与电阻箱外壳之间绝缘电阻阻值，测试要求：DC 1 000 V 电压、1 min 下，其值≥400 MΩ。					
备注	① 记录数据保留到小数点后两位，填写单位；② 记录数据应该清晰工整					

三、任务小结

收获：____

失误：____

四、成绩评定

评价等级	知识掌握	过程操作	团队协作	自主学习
指导老师（签字）		日期		

任务七　接地装置的检修

任务要求

（1）了解接地装置的结构、工作原理及技术参数。
（2）掌握接地装置的检修及测量。
（3）掌握接地装置常见故障的处理方法。

任务准备

接地装置实物，仪器仪表，多媒体设备。

任务实施

一、接地装置的结构、工作原理及技术参数

（一）接地装置的结构

轴端接地装置（简称接地装置）安装在地铁车辆转向架轴端，在地铁车辆运行过程当中起到的主要作用就是对车辆导电性能进行改善，防止轴箱、轴承电蚀，提升车辆的可靠性。接地装置主要由接触盘、接地端盖、炭刷、炭刷架、绝缘盘、密封胶圈等组成，如图1-7-1所示。

图 1-7-1　轴端接地装置实物图

接地端轴箱盖与刷架相连，连接方式为螺栓连接，3个炭刷组件安装在炭刷架里并与炭刷架相连，连接方式为螺栓连接，3个炭刷组件通过压力盖板组装的3个卷簧提供压力与接触盘接触，橡胶密封圈及轴端接地装置垫圈安装于刷架上，橡胶密封圈分别安装于绝缘支架的上下两面。接地装置内部结构如图1-7-2所示。

图 1-7-2　轴端接地装置内部结构图

动车的每个传动轴上安装一个接地装置，共 4 套接地装置，每辆拖车配置 2 套。接地装置保证列车接地电路及车体接地良好，其通流能力与主回路参数相匹配，且不会造成车辆轴承的电蚀。接地装置采用恒力弹簧压紧金属碳电刷的方式，保证电刷的接触压力在整个使用范围内保持不变，使接地电刷磨耗量合理。

每年须打开接地装置检查炭刷表面状态，且碳滑块磨耗不应超过距离刻度线 3 mm 的位置，否则更换碳滑块，并将表面碳粉清理干净，以发挥其最佳状态。

（二）接地装置的工作原理

在实际运用中，接地回流装置的电流经电缆流入炭刷，炭刷通过炭刷架固定在轴箱上，接触盘固定在轮对车轴端头，炭刷通过弹簧作用于接触盘接触，电流通过炭刷、接触盘、车轴、轮对、钢轨到达钢轨（负极、地端），实现了接地回流的作用，起到防止转向架轴承电蚀、提高车辆运行的可靠性作用。

接地装置的功能是作为列车的“负极”，将列车几百安培的牵引电流接至轮对钢轨，最终回流至地面牵引供电装置负极，准确地讲应该称为回流装置。接地装置接触不良或断开，接触电阻偏高的故障都将会严重影响列车运行安全。地铁车辆底架、车顶上的众多设备工作电压多为 1 500 V 或 380 V，如果某电源线与这些电气设备箱体之间的绝缘被损坏，箱体壳和地之间就有较高的电位差，当人触及箱体时，则会导致较大的电流流过人体，给人造成伤害，所以必须通过接地来消除这种危险。城市轨道交通车辆的接地装置通常安装在转向架轴端，如图 1-7-3 所示。

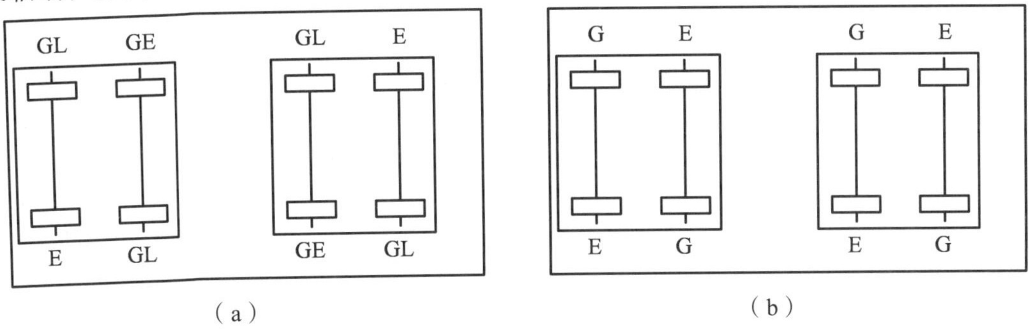

GE—速度传感器；GL—防滑速度传感器；E—接地装置；G—防空转防滑速度传感器。

图 1-7-3　A 车与 B/C 车接地装置的安装位置图

（三）接地装置的技术参数

接地装置能为地铁车辆轴承提供简单、有效、经济的保护和防护，防止工作电流或系统故障电流以及雷电电流通过轴承而造成对轴承的损伤。接地装置参数如下：

（1）额定电流：600 A。

（2）最大电流：900 A RMS/h。

（3）接地装置无损伤要求：最大电流值不超过 10 000 A RMS（有效值），持续时间不超过 100 ms；最大电流值不超过 27 000 A RMS，持续时间不超过 20 μs。

（4）电刷磨损量：1 ~ 1.5 mm/100 000 km。

（5）电刷磨耗长度：20 mm。

（6）摩擦盘磨损量：＜1 mm/1 000 000 km。

（7）电刷与摩擦盘有效接触面积：3×8 cm^2。

（8）电刷尺寸：$20\times40\times54$ mm。

（9）接触电阻：＜8 MΩ。

（10）IP 等级：IP66。

（11）弹簧的压力：34 kPa。

（12）重量（本体）：＜4 kg。

二、接地装置的检修与测量

由于接地装置安装在轴端，直接受到来自钢轨的冲击以及道床异物的击打，维护过程中应注意检查各机械零件安装及紧固是否良好，及时更换受损零件。

（一）接地装置的检修

表 1-7-1　接地装置检修内容

检修内容	检修标准	日检	双周检	三月检	年检
接地装置外观检查	接地装置外观状态良好无变形，线缆外观状态良好	√	√	√	√
	接地装置紧固螺栓无松动，划线无错位	√	√（偶）	√	√
检查轴端接地炭刷\炭刷接触盘	（1）接地炭刷软编线无破损，断股不要超过单根线缆的 1/3。 （2）碳滑块可在槽内自由活动。 （3）用毛刷清洁内部异物及碳粉。 （4）接地炭刷磨耗接触面未超过寿命刻度线。			√	√

（二）接地装置的测量

1. 炭刷长度测量

测量方法：使用刻度尺从碳滑块端部表面至刻度线进行测量，且碳滑块磨耗不应超过距离刻度线 5 mm 的位置，否则更换碳滑块。

测量标准：不小于最小刻度线 5 mm，如小于则进行更换。

2. 摩擦铜盘检测

触摸无凹槽，表面无明显磕碰伤，若摩擦铜盘厚度<3.5 mm 则进行更换。只有一面或局部不均匀的炭刷运行痕迹（铜绿检查），则进行更换。

三、接地装置的常见故障及处理方法

接地装置的常见故障有止动臂螺栓断裂、止动臂松动、接地电缆断裂、整件温升过高、恒压卷簧及炭刷刷辫断裂、炭刷刷块崩缺、轴承卡死等。

当故障发生时可参照表 1-7-2 所示方法进行分析和处理。

表 1-7-2 接地装置常见故障及处理方法

序号	故障现象	原因	处理方法
1	炭刷磨损	炭刷对金属摩擦的同时导电，产生微弱的火花，导致炭刷磨损	增加炭刷与接触盘的接触面积，保证其可靠的过电流能力
		炭刷电流越大，工作时产生的火花可能会越大，炭刷的磨损越快	
		卷簧压力过大，会造成炭刷的机械磨损增大	接地装置选用的压簧，在其工作伸长范围内压力应均衡，即选用恒力弹簧
		卷簧压力过小，炭刷与接触盘间摩擦减小，但接触不良容易产生火花，同样会加快炭刷磨损	
		接触盘和炭刷摩擦表面的光洁度越高，其摩擦系数越小，炭刷的磨损率就越低	保证炭刷摩擦表面的光洁度
2	接地装置内部有锈迹	水渍通过端盖进入接地装置内部后，受重力作用，在正下方积聚，底部受到腐蚀	用无尘布清洗摩擦盘上的异物，确保摩擦面无异物、油污残留
3	炭刷无法取出	水渍使炭刷架内的炭粉结块，形成颗粒状异物，电流通过时打弧产生高温类似于焊接，把炭刷牢牢焊在炭刷架上，无法自由移动	增加对接地装置轴箱端盖内的炭粉的清洁

四、知识拓展

列车采用直流供电系统，通过受电弓取电，再通过接地系统形成回流接地，如图 1-7-4

所示。列车正常运行时，列车负载电流回流路径如图 1-7-5 所示：列车电气负载→接地装置→轮对→轨道/钢轨→牵引变电所负极。

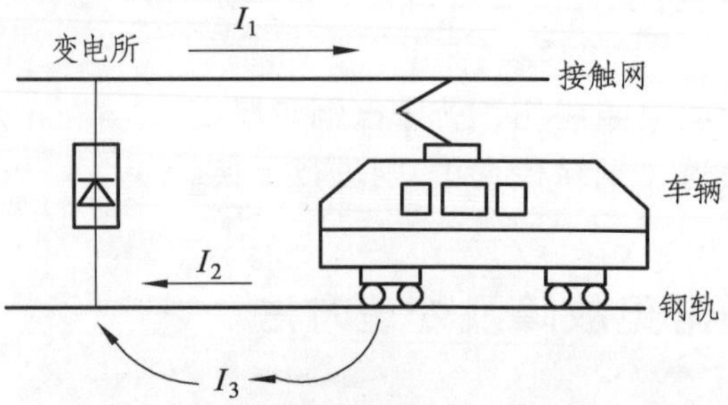

图 1-7-4　地铁车辆整体回流原理示意图

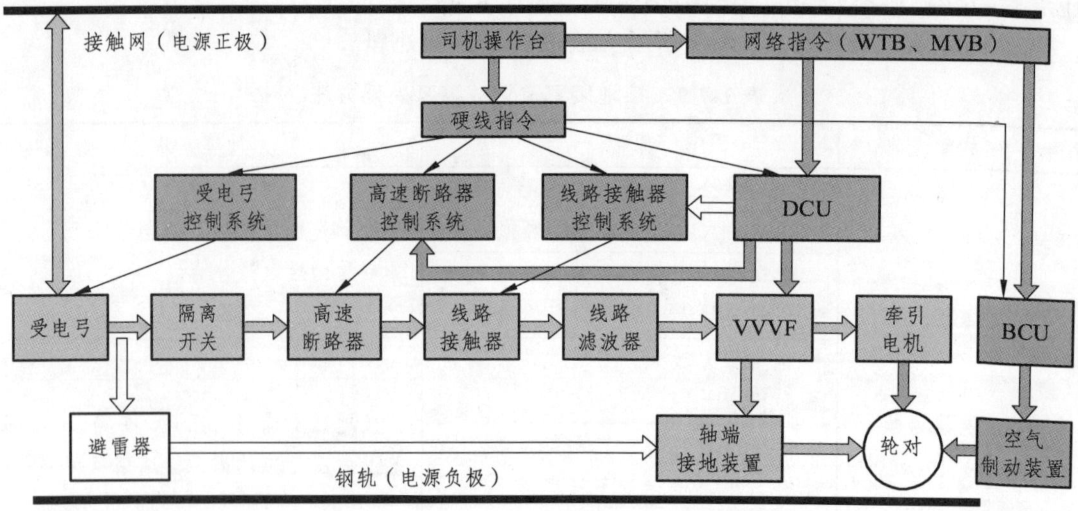

图 1-7-5　列车负载电流回流路径

任务考核

表 1-7-3　任务考核单

任务名称：接地装置的检修					
专业	课程	班级	姓名	学号	考核
作业准备	穿好劳动防护用品，戴好安全帽				
安全要点	注意用电安全；非作业人员在安全距离外				
一、知识总结 问题 1：接地装置的基本结构有哪些？ 问题 2：接地装置的工作原理是什么？					

二、操作运用

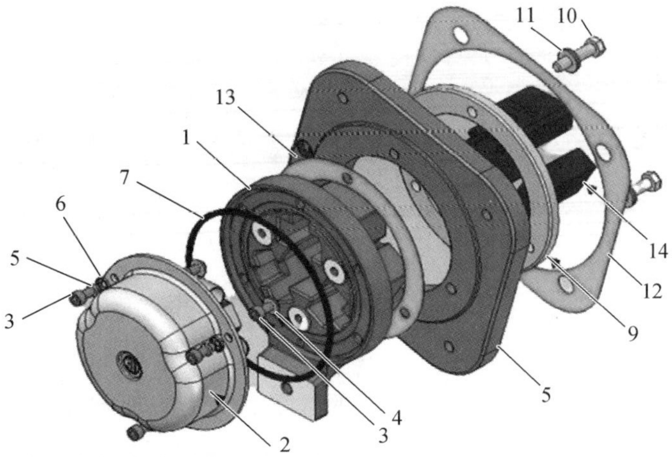

操作 1：完成接地装置的拆装及测量的全过程。

拆装过程若出现故障，请填写：

故障原因：________________

处理措施：________________

操作 2：识图并完成接地装置零部件序号的标注。

序号	名称	序号	名称	序号	名称
1		2		3	
4		5		6	
7		8		9	
10		11		12	
13		14			

操作 3：完成接地装置碳滑块长度的测量。

测量项目	测量值 1	测量值 2	测量值 3	使用工具
碳滑块长度				
分析				
结果				
说明	测得数据保留到小数点后两位			

三、任务小结

收获：________________

失误：________________

四、成绩评定

评价等级	知识掌握	过程操作	团队协作	自主学习
指导老师（签字）		日期		

项目二

列车辅助系统电气设备检修

电客列车辅助系统主要为除牵引系统以外的所有用电系统供电，其供电的主要负载有：列车空调、客室照明、设备通风冷却、电器电子装置、蓄电池充电等。整个辅助电路由逆变器、蓄电池及相应的部件组成。在整列车的动车和拖车中都有辅助电路，它的工作状态正常与否直接影响整列车的性能好坏。

任务一　辅助逆变器的检修

任务要求

（1）认知辅助逆变器的结构、工作原理及技术参数。

（2）掌握辅助逆变器的检修及测量。

（3）掌握辅助逆变器常见故障的处理方法。

任务准备

辅助逆变器模型、仪器仪表、多媒体设备等。

任务实施

一、辅助逆变器的结构、工作原理及技术参数

电客列车中，Tc 车为拖车，Mp 车及 M 车为动车，每节 Tc 车上安装 1 组辅助逆变器箱，每个辅助逆变器箱内配备 1 台辅助逆变器，辅助电源系统的运行独立于牵引系统，两台辅助逆变器都直接由接触网通过受电弓供电或通过库用电源供电。辅助电源将直流电压（DC 1 500 V）逆变成三相交流电压（AC 380 V），为空调、空气压缩机、照明及控制电路等提供稳定的三相四线制的交流电压，并将交流电压（AC 380 V）通过蓄电池充电器变换成蓄电池与低压直流负载使用的 DC 110 V 电压，DC 24 V 则由 DC/DC 模块提供。

整列车有 2 台辅助逆变器为全列车上所有三相交流负载提供 3AC 380 V、50 Hz 的电源。其中每个辅助逆变器都带有 AC/DC 变换器为 DC 110 V 负载供电，每个辅助逆变器箱内有

一个 AC/DC 变换器为蓄电池提供一个 DC 110 V 的充电电源。

1. 交流供电

全列车 2 台辅助逆变器通过扩展供电的方式为全列车的 AC 380 V 交流母线供电，列车上所有交流负载都从列车 AC 380 V 的交流母线得到电源。交流负载如表 2-1-1 所示。

表 2-1-1　交流负载

	Tc	Mp	M
负载	（1）空调单元 1； （2）空调单元 2； （3）司机室通风； （4）方便插座	（1）空调单元 1； （2）空调单元 2； （3）牵引风机； （4）制动电阻通风机； （5）方便插座	（1）空调单元 1； （2）空调单元 2； （3）牵引风机； （4）制动电阻通风机； （5）空气压缩机； （6）方便插座

2. 直流供电

直流负载通过安装在 Tc 车上带有 AC/DC 变换器的蓄电池充电机或通过 Tc 车上的蓄电池得到电源。2 台蓄电池之间通过二极管进行相互隔离。大部分直流负载通过两条 DC 110 V 列车线得电，其中一条列车线主要用于常规负载，另一条列车线用于延迟负载。

（一）辅助逆变器的结构

列车辅助系统的运行独立于牵引系统，为保证辅助电源系统的高可用性及通过断电区时避免电压中断，设置列车 DC 1 500 V 辅助专用高压母线，通过高压辅助母线将列车 2 台辅助电源输入端并行连接起来，并设置母线熔断器进行保护。

辅助逆变器由输入室、电容器室、输出室、控制室、充电机室、逆变器室构成。其结构如图 2-1-1 与图 2-1-2 所示。

（1）输入室、电容器室、输出室（列车左侧）：

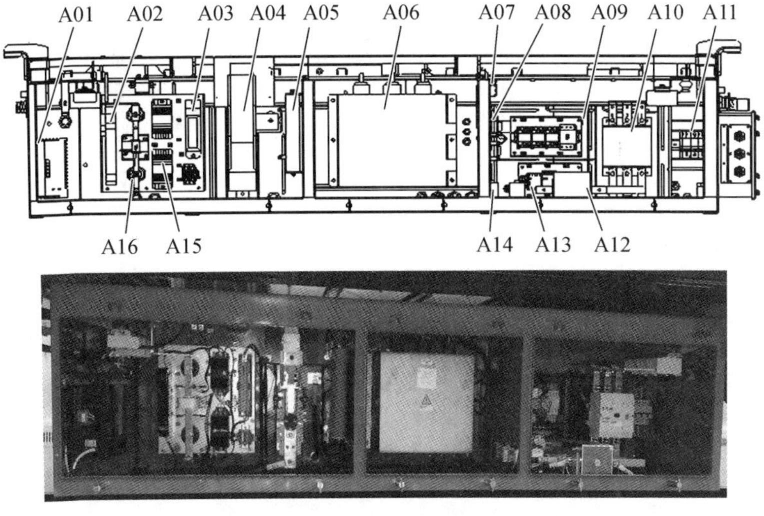

图 2-1-1　辅助逆变器箱内部结构图（列车左侧）

（2）控制室、充电机室、逆变器室（列车右侧）：

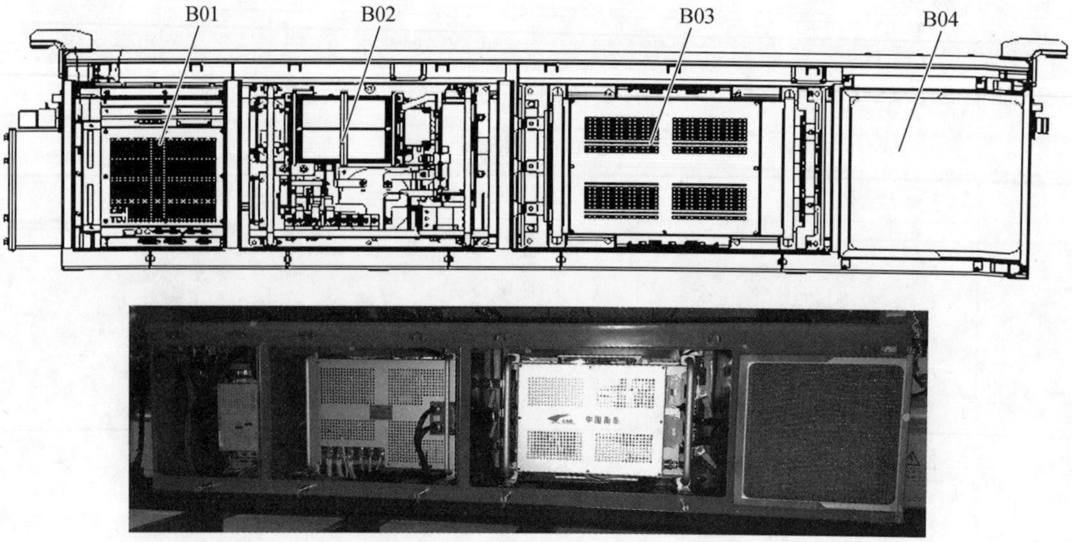

B01—控制单元模块；B02—充电机模块；B03—逆变器模块；B04—滤网。

图 2-1-2　辅助逆变器箱内部结构图（列车右侧）

表 2-1-2　辅助逆变器箱设备介绍

编号	名称	代号	编号	名称	代号
A01	应急启动电源	DBPS	A02	熔断器	FU1
A03	充电接触器	KM2	A04	短接接触器	KM1
A05	电阻组件	R1/R2	A06	滤波电容器	ACC
A07	测试端子排	—	A08	电压互感器	PT
A09	风机控制组件	—	A10	输出接触器	KMA
A11	断路器	QF11	A12	交流输出滤波器	Z2
A13	输出控制组件	—	A14	电流互感器	TA1/TA2/TA3
A15	电压传感器	SV1/SV2	A16	电流传感器	SC1

（二）辅助逆变器主要部件

1. 应急启动电源

应急启动电源工作时（通过司机室的应急启动旋钮），提供 110 V 电压给辅助电源控制单元供电。

2. 熔断器

熔断器防止应急启动电源的负载功率过载。

3. 隔离开关

对辅助逆变器进行维修作业时，为了提高安全系数，将隔离开关断开。

4. 网压传感器 SV3

网压传感器用来检测受电弓电压，电压正常范围为 1 000 ~ 1 950 V。

5. 电压传感器 SV1、SV2

SV1 用来检测输入电源是否正常，输入电压大于 1 100 V 时，SIV（辅助逆变器）能正常启动；SV2 用来检测中间充电电容电压。

6. 接触器

输入电压正常时，充电接触器 KM2 闭合。当充电电容电压与输入电压值相差不小 100 V，延时 1s 后，短接接触器 KM1 闭合；延时 0.5 s 后，KM2 断开。

7. 辅助逆变器模块

将 DC 1 500 V 电压逆变成 3 AC 660 V。

8. 交流滤波电容器

3 AC 660 V 电流经过三相交流滤波器 ACC 滤波得到低谐波含量的三相准正弦电压后输出 3AC 380 RMS/50 Hz 电压。

9. 电流互感器

电流互感器 TA1、TA2、TA3 用来检测输出电流，并将信息反馈给控制单元。

10. 输出交流接触器

待 3AC 380 V 输出电压稳定，延时 0.5 s 后输出交流接触器 KMA 闭合，给负载供电；当辅助逆变器故障时，故障端的 KMA 断开。

11. 过载保护开关

逆变器模块输出的 3AC 380 V 电压经过过载保护开关 QF11，起到保护蓄电池充电机电路的作用。若电路过载或发生异常，QF11 断开；故障消失恢复后，需手动闭合 QF11。

12. 充电机模块

蓄电池充电机输出的 DC 110 V 电压给负载供电或蓄电池充电。充电机能根据蓄电池温度实时调整蓄电池充电电压，以保证充电效率。

13. 控制模块

控制模块通过采集信号来监视和控制 SIV，实现启动和关闭 SIV。

14. 滤波器

辅助逆变器经过受电弓直接和线网相连，线网上的电压波动及电流脉动分量都会对辅助逆变器的电源输入端产生影响，同时辅助逆变器的电路中采用了开关频率很高的大功率电力电子器件，它们工作时会产生高次谐波，因此在辅助逆变器的电源输入端要接有线路滤波器。线路滤波器包括线路滤波电抗器和线路滤波电容器。线路滤波器的作用：

（1）滤平输入电压。

（2）抑制电网侧发生的过电压对逆变器的影响，例如变电所的操作过电压、雷击过电压等。

（3）抑制逆变器因换流引起的尖峰过电压。

（4）抑制电网侧传输到逆变器直流环节的谐波电流，抑制逆变器产生的谐波电流对电网的影响。

（5）限制变流器的故障电流。

（三）辅助逆变器工作原理

辅助逆变器工作原理如图 2-1-3 所示。在逆变电路中，直流输入高压经直流滤波电抗器（FL）、电容器充放电电路（*R*1、KM2、*R*2）、直流滤波电容器（FC），送至 IGBT 逆变器进行逆变后输出 PWM 波交流电压，送入输出变压器（T1）进行电压隔离、降压，再经三相交流滤波器（ACC）滤波得到低谐波含量的三相准正弦电压后输出三相 380 V 电压，从任何一相输出线与变压器的中性点之间均可得到单相交流 220 V 电压。

DC110V 蓄电池充电机电路采用三相全波整流+半桥式高频 DC/DC 电路。从逆变器电路输出的稳定的 3 AC 380 V 电压经过三相电抗器（AL）输入到 DC 110 V 充电机模块。DC 110 V 充电机电路工作原理为：3 AC 380 V 电压经过自动开关（QF11）、预充电电阻（*R*01、*R*02）后输入到三相整流桥整流，滤波后得到直流电压（中间电路电压），当中间电路滤波电容电压达到一定值后，闭合接触器 KM11 短接预充电电阻。中间电路电压经半桥变换电路变换为高频矩形波电压，经高频变压器进行隔离、降压后，再经高频整流桥整流、电抗器、电容器滤波后得到稳定的 DC 110 V 电源，给 110 V 蓄电池组充电及去往 DC 110 V 干线。

辅助逆变器启动后，冷却风扇启动，对 IGBT 逆变器模块、蓄电池充电器模块和三相变压器等进行强迫风冷。24 V 电源电路则直接将 DC 110 V 经由 DC/DC 模块输出 DC 24 V。

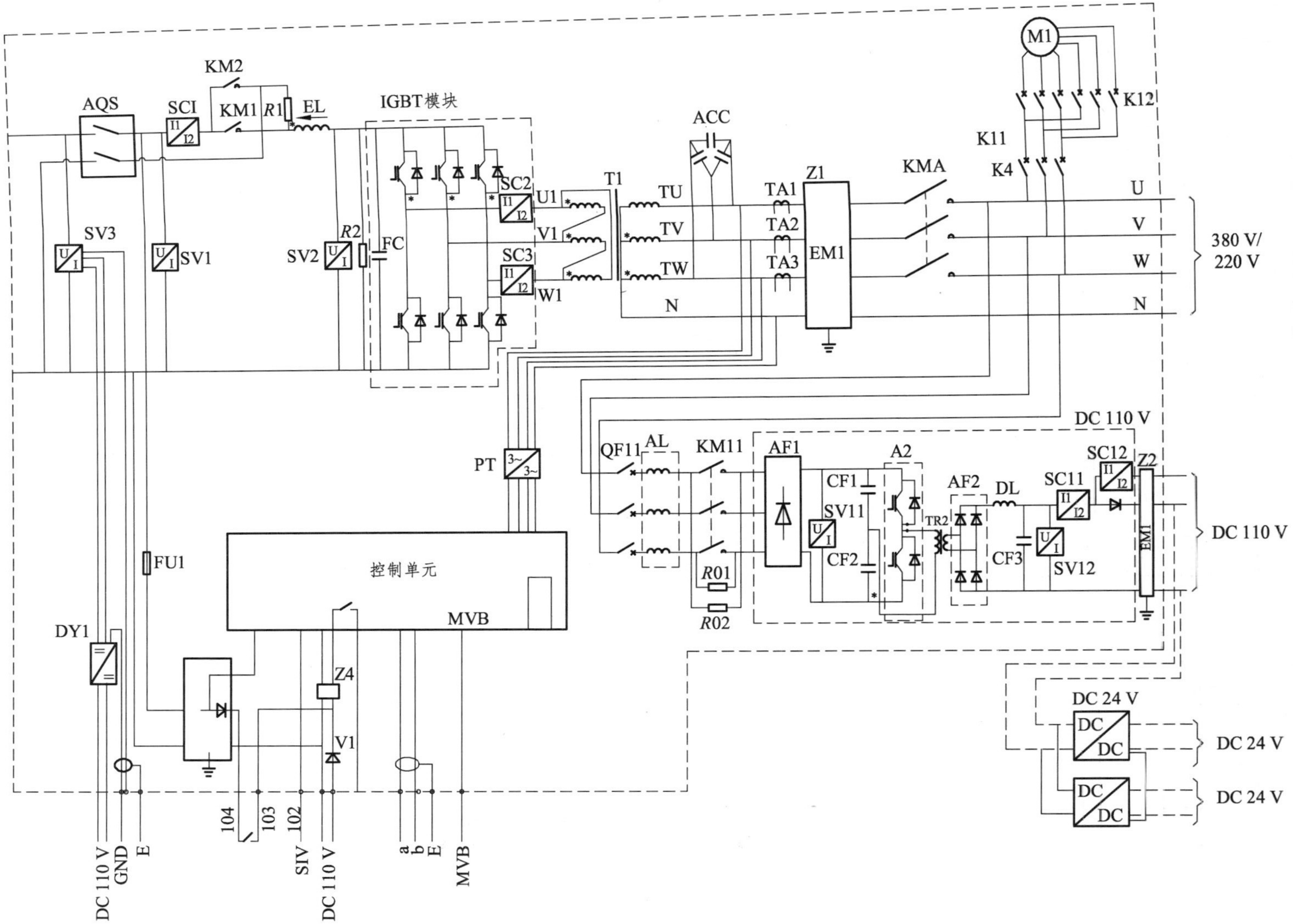

图 2-1-3　辅助逆变器工作原理

（四）辅助逆变器技术参数

表 2-1-3　技术参数列表

序号	模块	项目	参数
1	系统	主电路型式	逆变电路：两电平逆变电路（DC/AC）； 蓄电池充电器：三相整流 AC/DC+高频 DC/DC 变换
		冷却方法	强迫风冷
2	输入	额定电压	DC 1 500 V
		电压波动范围	DC 1 000 ~ 1 800 V； DC 1 950 V（再生制动时最大允许电压）
3	输出	额定电压	3 AC 380 V RMS/220 V RMS (1±5%)
			额定：DC 110 V (1±3%)； 蓄电池充电电压：根据蓄电池温度调整
		相数	三相四线
		额定频率	50±1 Hz
4	控制电源	额定电压	DC 110 V
		变化范围	DC 77 ~ 137.5 V
		功率	＜300 W
5	其他	噪声	＜75 dB（A）（测量距离：离装置外壳表面 1 m 处）
		防护等级	密封区：IP55；通风区：IP20
		振动和冲击	IEC61373，1 类车体安装 A 级

二、辅助逆变器的检修与测量

（一）辅助逆变器的检修

表 2-1-4　辅助逆变器检修内容

检修内容	检修标准	日检	双周检	三月检	年检
检查辅助电源箱安装	（1）箱体安装螺栓无丢失。 （2）二次保护装置插接到位。 （3）盖板的锁闭状态良好（锁闭标志线对齐）	√	√	√	√
	（4）用凡士林涂抹到箱体盖板上的橡胶垫			√（偶）	√
	（5）箱体安装螺栓无丢失，防松线清晰无错位。 （6）箱体安装螺栓无丢失，吊耳无裂纹			√	√
	（7）箱体外观掉漆应≤900 mm^2，做好记录，到年检时统一补漆；超过则进行补漆	√	√	√	√
	（8）箱体外观无裂纹，吊耳无裂纹，橡胶垫圈无老化破损现象，各进出线无裂纹、无摩擦。螺栓紧固件紧固，防松线清晰无错位			√	√

续表

检修内容	检修标准	日检	双周检	三月检	年检
辅助电源箱滤网	（1）将滤网更换后清洗，换上周转的滤网备件，滤网安装牢固		√（偶）	√	√
	（2）锁扣状态良好，安装牢固	√	√	√	√
	（3）紧固件紧固，防松线清晰无错位			√	√
检查并清洁风道	风道内无异物，用吸尘器及抹布清洁风道，使风道内无积尘			√（偶）	√
检查辅助电源箱内部各紧固件和连接插头	（1）目视各电器外观和安装情况，用干抹布清洁各继电器、模块、接线表面，用吸尘器清理箱体内杂物。 （2）柜内各电源插、输入输出插、MVB 总线插等各类插头插接紧固。 （3）用手轻轻拨端子排接线，接线无松动、破皮、干涉、毛刺外露现象；手动检查短接片插接情况。 （4）手动检查微型断路器接线状态，要求紧固且无放电痕迹；手动试验微型断路器断开/闭合情况。 （5）手动检查继电器及安装座安装是否紧固，各触头及线圈接线应无松动。 （6）箱内三相断路器、熔断器、接地电阻器的外观无损坏放电现象，安装紧固；电气连接螺钉紧固，防松线清晰无错位，无放电痕迹。 （7）箱体内外各接线插紧固，接线插紧固螺钉无松动，无热异味			√（偶）	√
检查充电电阻及放电电阻	目视电阻表面无变色、开裂、剥落等损坏。手动检查端子，应连接可靠				√
检查辅助控制单元	检查控制单元、固定单元及插头有无松动，防松线无错位			√（偶）	√
辅助逆变器箱体吹尘	（1）拆除辅助逆变器箱下盖板，盖板应完好无裂纹。 （2）电抗器外表完好，接线无烧伤痕迹。 （3）逆变器风机叶片无裂纹，转动灵活，与其他部件无干涉。 （4）对电抗器及风扇进行吹尘，要求表面无明显灰尘。 （5）安装下盖板紧固螺栓后要求力矩 6.5 N·m			√（偶）	√
辅助逆变器箱进风口滤网清洗	用清水对滤网进行清洗		√	√	√

（二）辅助逆变器的测量

1. IGBT 相和制动斩波相的阻值测量

使用万用表测量 IGBT 相和过压保护相 C-E 极之间的电阻值，正向阻值不低于 8 MΩ，反向阻值不高于 1 MΩ，不符合要求的应进行更换，出现大部分正向阻值不低于 8 MΩ 异常情况时，请专业人员确认，并采取相应措施。

2. 放电电阻测量

放电电阻状态良好，紧固安装和接线，使用万用表测量两个放电电阻串联的阻值，为 20 kΩ。

3. 温度传感器测量

温度传感器电阻状态良好，紧固安装和接线，使用万用表测量温度传感器的阻值，为 110 Ω（环境温度 25 °C 时）。

三、辅助逆变器的故障及处理方法

（一）常见故障及处理

表 2-1-5 常见故障及处理措施

序号	故障名称	发生经过	处理结果	预防措施
1	辅助逆变器滤网卡扣失效	右侧辅助系统逆变器滤网卡扣失效	厂家提供新配件进行更换，更换后锁扣状态正常	对所有列车锁扣进行批量换型整改
2	逆变器未启动	司机在整备作业时，HMI（车辆显示屏）报 0105 车蓄电池电压低于 92 V，网压表正常显示 110 V	检查为辅助逆变器没有输出，HMI 显示（APS）辅助逆变器白色，断空开后重新恢复正常	对列车辅助逆变器软件进行升级优化
3	SIV 严重故障	司机整备时发现 HMI 显示辅助逆变器严重故障，TC1 车 SIV A1OH 逆变器 85 °C 超温，TC1 车 SIV FCSF GDU 反馈 C 相上管/下管故障，TC1 车 SIV FBXF GDU 反馈 B 相下管故障，FBSF GDU 反馈 B 相上管故障，TC1 车 SIV FAXF GDU 反馈 A 相下管故障，FAS FGDU 反馈 A 相上管故障	根据 HMI 显示故障信息和下载数据进行分析后，先对辅助逆变器控制模块进行更换，上电测试后发现故障仍存在；测试 15.7 V 电源模块输出电压，未发现异常，更换新的脉冲分配板并上电测试后故障未转移；最后更换驱动板 C 板并上电测试发现 A 相下管和 B 相上管故障消失，确认故障点为 A 相、B 相、C 相驱动板损坏，导致该故障发生，更换 A 相、B 相、C 项驱动板后，故障全部消失，列车辅逆变功能正常	无
4	SIV FBXF GDU 反馈 B 相下管故障	司机洗车时报 01011 车 SIV 严重故障，SIV FBXF GDU 反馈 B 相下管故障	下载数据进行分析，为辅助逆变器控制模块母板损坏，已更换新备件，现列车功能正常	无

（二）典型故障及处理

辅助逆变器故障对列车供电影响：

1. 一台辅助逆变器故障

如果一台辅助逆变器发生故障，故障逆变器将通过切断对应的交流输出接触器来使其与列车三相母线隔离，则列车将自动进入扩展供电模式，此时除空调压缩机制冷能力减半外，其他交流供电不受影响。

SIV 故障无输出时，故障端 SIV 的 KMA 输出接触器断开，同时 SIV 的 OK 信号也断开，网络未收到故障端的 SIV OK 信号和 KMA 的状态反馈，就会先输出减载指令到空调系统，若未收到空调系统反馈的减载成功信号，则对空调发紧急通风指令，然后输出扩展指令到接触器 K13，通过 K11 和 K12 的联锁触点，使 KMK 扩展接触器的线圈得电，KMK 闭合，扩展成功。扩展成功后，靠 KMK 的一组常开触点进行自锁，同时另外一组常开触点反馈状态。当故障 SIV 恢复后，网络撤销扩展指令，KMK 断开，故障端 SIV 再闭合 KMA 输出接触器。

2. 两台辅助逆变器故障

如果两台辅助逆变器同时发生故障，故障逆变器将通过切断相应的输出接触器来使其与列车三相母线隔离，则列车失去 3AC 380 V 供电，空调自动进入由蓄电池供电的紧急通风模式。在紧急运行模式下，蓄电池的电量必须保证 3 节编组列车的紧急负载能继续运行 45 min。紧急负载主要有紧急照明、外部照明、紧急通风、车载安全设备、广播、部分显示屏、CCTV 监控、通信系统。

四、知识拓展——线路滤波电抗器和线路滤波电容器区别

电抗器用于直流回路，为保证电感在任何电流值时均恒定，均采用空心线圈结构。

对于网压为 DC 1 500 V、逆变器容量在 1 000 kV·A 以上的系统来说，电感量一般为 5 ~ 8 mH。

线路滤波电容器是一种能承受直流高电压的电容器。它用于逆变系统的直流环节（DCLink）。要求它能承受很大的谐波电流，因此称作“直流脉冲电容器”。

任务考核

表 2-1-6　任务考核单

<table>
<tr><td colspan="6">任务名称：辅助逆变器的检修</td></tr>
<tr><td>专业</td><td>课程</td><td>班级</td><td>姓名</td><td>学号</td><td>考核</td></tr>
<tr><td></td><td></td><td></td><td></td><td></td><td></td></tr>
<tr><td>作业准备</td><td colspan="5">穿好劳动防护用品，戴好安全帽</td></tr>
<tr><td>安全要点</td><td colspan="5">注意用电安全；非作业人员在安全距离外</td></tr>
</table>

一、知识总结

问题 1：辅助逆变器的基本结构有哪些？

____

问题 2：辅助逆变器的工作原理是什么？

____

二、操作运用

操作 1：完成辅助逆变器的检查及测量全过程。

拆装过程若出现故障，请填写：

故障原因：

____

处理措施：

____

操作 2：识图并完成辅助逆变器零部件序号的标注。

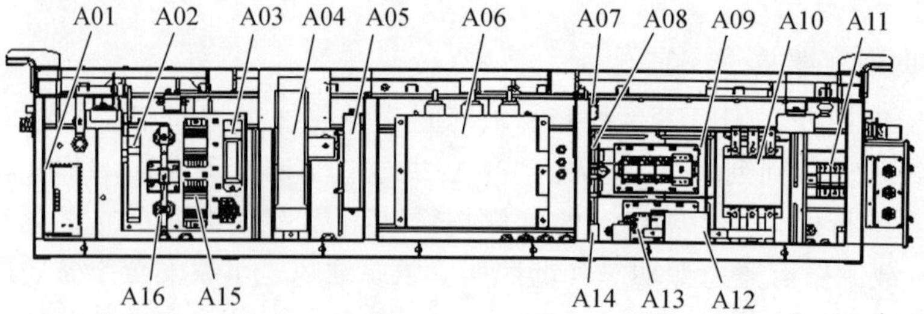

序号	名称	序号	名称	序号	名称
A1		A2		A3	
A4		A5		A6	
A7		A8		A9	
A10		A11		A12	

操作 3：完成辅助逆变器的测量。

测量项目 1	测量值 1	测量值 2	测量值 3	使用工具
相阻值测量				
分析				
结果				
说明	测得数据保留到小数点后两位			

测量项目 2	测量值 1	测量值 2	测量值 3	使用工具
放电电阻测量				
分析				
结果				
说明	测得数据保留到小数点后两位			

续表

测量项目 3	测量值 1	测量值 2	测量值 3	使用工具
温度传感器测量				
分析				
结果				
说明	测得数据保留到小数点后两位			

三、任务小结

收获：________

失误：________

四、成绩评定

评价等级	知识掌握	过程操作	团队协作	自主学习
指导老师（签字）		日期		

任务二　蓄电池的检修

任务要求

（1）认知蓄电池的结构、工作原理及技术参数。

（2）掌握蓄电池的检查及测量内容。

（3）掌握蓄电池常见故障的处理方法。

任务准备

城市轨道交通车辆蓄电池组实物一套，仪器仪表，多媒体设备，等等。

任务实施

一、蓄电池的结构、工作原理及技术参数

（一）蓄电池的结构

蓄电池箱安装在 Tc 车底架的左右两侧，分为蓄电池箱 1 和蓄电池箱 2，箱体采用边梁悬挂安装模式。蓄电池箱 1 带有温度传感器及外挂熔断器箱，蓄电池通过熔断器箱内的熔断器连接到蓄电池充电机。

如果某个蓄电池充电机发生故障，对应的蓄电池就会被二极隔离。只要辅助逆变器的 DC 110 V 供电输出仍在工作，蓄电池就不会放电。

在辅助逆变器故障或者接触网没有电压的情况下，列车系统将自动切换至紧急运行以节省蓄电池的电量。在紧急运行模式下，蓄电池的电量必须保证 3 节编组列车的紧急负载能继续运行 45 min。现阶段使用的主要为碱性镉镍蓄电池，其结构组成主要包括：

（1）极板：充电时，正极板活性物质变为氢氧化镍，负极板活性物质变为金属镉；放电时，正极板转化为氢氧化亚镍，负极板转化为氢氧化镉。

（2）安全阀：电池内部气体压力达到一定值时，安全阀自动开启泄压，当压力恢复到正常值时自动关闭。

（3）极柱：起连接导电的作用。

（4）电池壳：由耐酸、耐热、耐震、绝缘性好并且有一定力学性能的材料制成。

（5）隔膜：使电池的正、负极分隔开来，防止两极接触而短路。

（6）电解液：镉镍蓄电池的电解液为 KOH（氢氧化钾）溶液，其补水周期为三个月。

（7）注液口：需注入电解液时可随时打开，它既能排除电池内产生的气体，又可防止杂物及灰尘掉入蓄电池内。

蓄电池外部结构、内部结构、单体结构如图 2-2-1、图 2-2-2、图 2-2-3 所示。

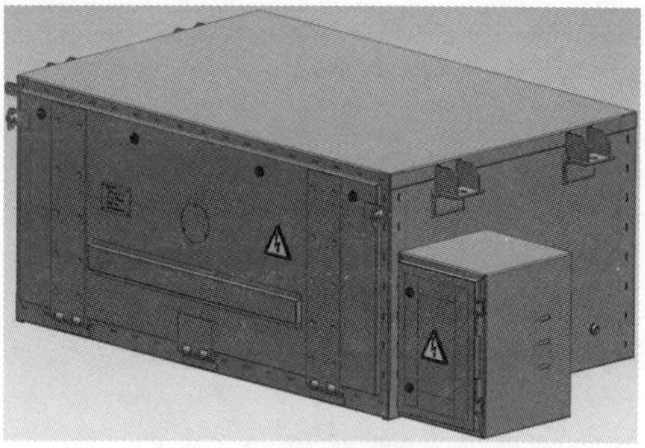

图 2-2-1　蓄电池箱外部结构图

图 2-2-2　蓄电池箱内部结构图

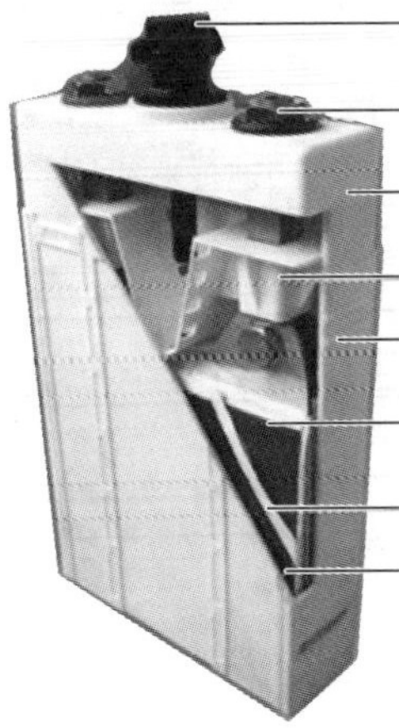

图 2-2-3　蓄电池单体结构图

蓄电池箱内采用的蓄电池为地铁车辆用镍镉碱性中倍率蓄电池，型号为 FNC140MR2，标称电压为 1.2 V，电池容量为 140 A・h；蓄电池箱 1 内共有 40 个电池单元，蓄电池箱 2 内也有 40 个电池单元，作为列车 DC 110 V 供电系统的备用电源辅助电池由 80 个镍镉蓄电池单体组成。如果蓄电池电压低于限界值（84 V），则蓄电池主接触器将断开；当蓄电池电压上升至限界值（96 V）时，则蓄电池主接触器将闭合。

（二）蓄电池的工作原理

镍镉蓄电池是指电极主要由氢氧化镍及金属镉制成，电解液是氢氧化钾溶液的一种蓄电池。镍镉蓄电池具有体积小、机械强度高、工作电压平稳、可以大电流放电、使用寿命长和易于携带等特点，可用作移动的通信设备、仪器仪表、自动控制等电子设备的直流电源，也可作为反压电池使用。与同容量的铅蓄电池比较，镍镉蓄电池的购置成本较高。

镍镉蓄电池特点：

充电时释放出水来，使电解液液面升高；放电时吸收水，使电解液液面下降。

放电时：$Cd+NiO_2+2H_2O \longrightarrow Ni(OH)_2+Cd(OH)_2$

充电时：$Ni(OH)_2+Cd(OH)_2 \longrightarrow Cd+NiOOH+H_2O$

只要列车在辅助逆变器的 DC 110 V 供电输出仍在工作，蓄电池就不会放电，由蓄电池充电机对蓄电池进行浮充。

在辅助逆变器故障或者接触网没有电压的情况下，列车系统将自动切换至紧急运行以节省蓄电池的电量。在紧急运行模式下，蓄电池的电量必须保证 3 节编组列车的紧急负载能继续运行 45 min。蓄电池电路图如图 2-2-4 所示。

（三）蓄电池的技术参数

额定电压：2 V；

单体型号：DTM-160-2；

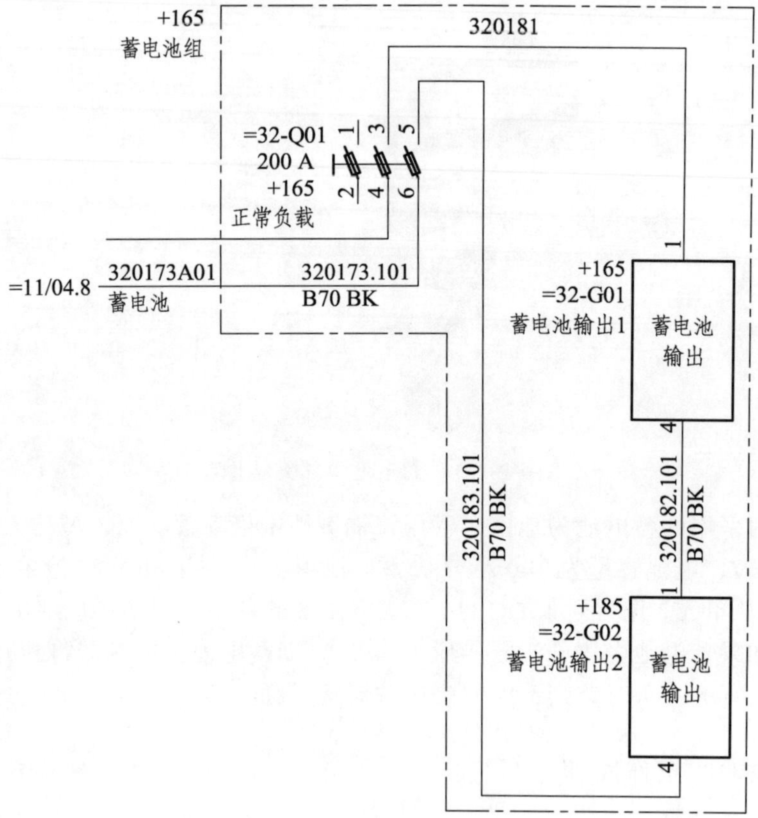

图 2-2-4　蓄电池电路图

额定容量：160 A · h；

放电终止电压：1.75 V/单体；

长度：123 mm；

宽度：152 mm；

高度：331 mm；

质量：13.5 kg。

二、蓄电池的检修与测量

（一）蓄电池的检修

表 2-2-1　蓄电池的检修内容

检修内容	检修标准	日检	双周检	三月检	年检
检查蓄电池箱外观	（1）箱体安装螺栓无丢失。 （2）蓄电池箱无损坏，箱盖锁闭标志线对齐。 （3）各箱盖板无变形现象，箱体无变形、无裂纹，箱体油漆破损面积≤900 mm²，则做好记录到年检时统一补漆，超过则进行补漆。 （4）蓄电池箱锁锁舌与螺栓紧固无松动	√	√	√	√

续表

检修内容	检修标准	日检	双周检	三月检	年检
进行蓄电池均衡充放电	拆卸蓄电池，用恒流恒压充电机进行充放电				√
蓄电池单体电压测量	测量蓄电池单体电压，应在 1.2 ~ 1.35 V			√	√
检查蓄电池液	检查蓄电池液体，不能高于上标且不能低于上标以下四分之三处			√	√
检查蓄电池间连接线、连接板、导轨、滚轮坦克链、螺栓及拉杆	（1）蓄电池单体电缆无松动，温度传感器安装良好。 （2）蓄电池坦克链无断裂，无干涉，状态良好。 （3）蓄电池箱拉杆无裂纹，无烧伤痕迹。 （4）检查蓄电池托架滚轮，外观应完好，滚动灵活，滚轮卡簧无裂纹，无丢失			√	√
检查熔断器箱	（1）检查箱体内部无灼伤痕迹。 （2）熔断器箱内接线正常。 （3）箱体合页无裂纹，外部箱体掉漆≤900 mm^2，则做好记录到年检时统一补漆，超过则进行补漆。			√	√

（二）蓄电池的测量

1. 测量蓄电池单体电压

用万用表的表头接触单体蓄电池正负极柱上的螺栓连接处。蓄电池单体开路电压在 1.2 ~ 1.35 V，对电压变化超过所有单体电池平均值±50 mV 的单体电池进行标记。

2. 测量蓄电池总电压

用万用表的表头接触整组蓄电池的正负极，整体电压应与相应司机室电压表所示相同，蓄电池总电压＞100 V，否则更换故障蓄电池单体。

注意：测量已装车蓄电池开路电压前须断开蓄电池输出熔断器。

3. 测量蓄电池总线与箱体外壳的绝缘值

用 500 V 兆欧表测量绝缘值。若为新电池，绝缘阻值＞1 MΩ，如果绝缘阻值＜1 MΩ，必须清洗电池组；若再次测试不合格，更换故障蓄电池单体。

三、蓄电池的常见故障及处理方法

表 2-2-2 蓄电池的故障处理

序号	故障	产生原因	排除方法
1	放电态蓄电池电压低于 1 V	蓄电池电压低于 1 V； 电池无电解液； 电池内部短路	电池重新充电检查； 加电解液重新充电； 更换单体电池

续表

序号	故障	产生原因	排除方法
2	蓄电池爬碱或渗漏	密封件失效； 蓄电池外壳损坏	把发生爬碱的蓄电池单独断开
3	电解液泄露	充电时电解液面太高； 单体电池壳、盖损坏，封口不严	调整电解液高度至规定高度； 检查单体电池是否损坏，必要时更换
4	蓄电池内部析出泡沫	电解液内部含有有机杂质	更换电解液
5	单体电池外壳膨胀	气塞孔堵塞； 使用不当造成极板膨胀	用清水清洗气塞至通畅或更换气塞； 若影响正常使用，更换单体电池
6	电池电解液消耗过快	严重过充或高温下使用	补加蒸馏水，调整液面，执行严格的充电制度
7	单体电池及连接板有异常发热现象	极柱螺母松动	拧紧螺母

四、知识拓展——蓄电池的清洁

（一）清洗已安装的电池

要清除电池上的灰尘和充电过程中溅出的少量电解液。清洗时需注意：不得拆除或打开电池接插件，电池须保持封闭；电池组的塑料部件只能使用水或在没有添加剂的水中浸湿的清洁布进行清洁；清洁之后，使用适当的方式干燥电池组表面（例如使用压缩空气或清洁布）；须按照有关废弃物和残余物的规定将进入电池托盘中的液体吸出并进行处理。

（二）清洗未安装的电池

当看到蓄电池积污严重，或使用 3 年后，须进行清洗。清洗时需注意：电池需从列车上拆除；电池组须用高压清洗机清洗，压力必须设置在塑料件不被损坏的范围，可添加有机溶剂；须将含有电解液的冲洗水引入适当的污水处理厂中，处理用过的电解液和相关冲洗水须遵守工作健康和安全及事故预防规范，以及相关的法规；必须佩戴眼睛保护装置并穿着防护服；须使用规定的扭矩拧紧单体电池之间的连接片，单体电池插塞必须闭合；允许清洁机最大温度设置值为 140 °C，以确保在距离出口喷嘴后面 30 cm 的位置温度不超过 60 °C；喷嘴清洁器的出口喷嘴同电池组表面之间的距离不得短于 30 cm；喷嘴应在较广的方位内工作，以免引起局部过热；喷嘴在任何一点的停留时间不得超过 3 s；不要对着盖口上的塞子直接喷射以防止塞子打开；不得使用带有明火或加热灯丝的热风机；表面温度不得超过 60 °C；进行清洁后，使用适当的方式干燥电池组表面（例如使用压缩空气或清洁布）；须按照有关废弃物和残余物的规定将进入电池托盘中的液体吸出并进行处理。

任务考核

表 2-2-3　任务考核单

任务：蓄电池的检修					
专业	课程	班级	姓名	学号	考核
作业准备	穿好劳动防护用品，戴好安全帽				
安全要点	注意用电安全；非作业人员在安全距离外				

一、知识总结

问题 1：蓄电池的基本结构？

问题 2：蓄电池的工作原理？

二、操作运用

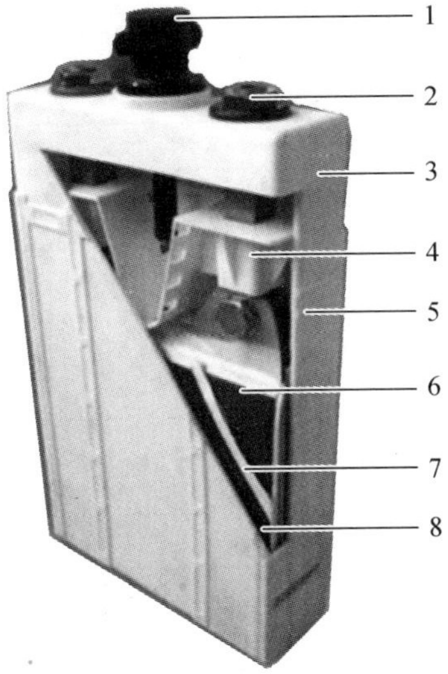

操作 1：完成蓄电池的结构认知并填表。

序号	部件名称	序号	部件名称	序号	部件名称	序号	部件名称
1		2		3		4	
5		6		7		8	

认知过程若出现疑问，请填写疑问原因：

处理措施：

操作 2：完成蓄电池测量项目的内容。

1车	右侧	1组	2组	3组	4组	5组	6组	7组	8组
	左侧	9组	10组	11组	12组	13组	14组	15组	16组

检测仪表：万用表，型号：

检查标准：蓄电池单体开路电压正常范围为 1.2～1.35 V，超范围的按要求进行更换，并在备注中注明，填写故障单号

分析	
结果	
备注	只填写测量电压数值，如：1.30（小数点后保留两位），不填写单位符号 V。

三、任务小结

收获：

失误：

四、成绩评定

评价等级	知识掌握	过程操作	团队协作	自主学习

指导老师（签字）		日期	

项目三 列车控制系统电气设备检修

列车控制系统是列车的关键部分，控制着列车的启动和停止。为了实现列车的运营，列车牵引制动控制系统有着不可取代的作用。列车控制系统是指为实现列车牵引和制动控制相关功能而设计的相关联控制电路系统，采用的主要部件有司机控制器、继电器、按钮/旋钮、开关以及连接用的导线等，这些主要部件大部分安装于司机台与屏柜当中。列车由启动到停止的流程如图 3-0-1 所示。

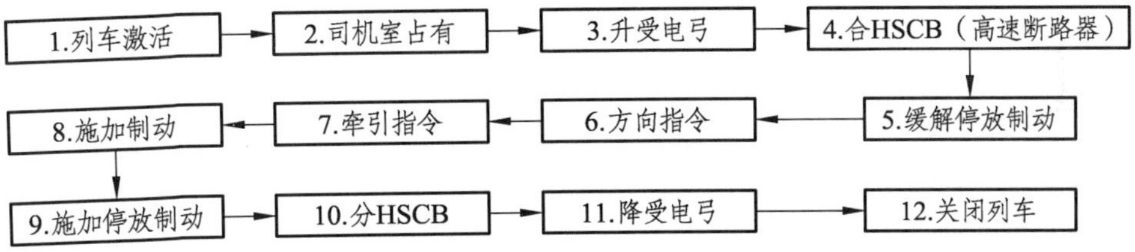

图 3-0-1　列车由启动到停止流程

任务一　司机控制器的检修

任务要求

（1）认知司机控制器的结构、工作原理及技术参数。

（2）掌握司机控制器的检修及测量。

（3）掌握司机控制器常见故障的处理方法。

任务准备

城市轨道交通车辆司机控制器实物一套，仪器仪表、多媒体设备等。

任务实施

一、司机控制器结构、工作原理及参数

司机控制器（简称司控器）是用来操纵地铁按要求运行的主令控制器，是利用控制电

路的低压电器间接控制主电路的电气设备。电客车的司控器一般采用沙尔特宝公司的S355D 型控制器，特点为：结构紧凑、体积小、质量轻、高可靠、长寿命、少维修或免维修。触头采用德国沙尔特宝公司生产的触头模块，为速动自净型、密封结构。输出电位器采用国外生产的 PW70 型。司控器实物如图 3-1-1 所示。

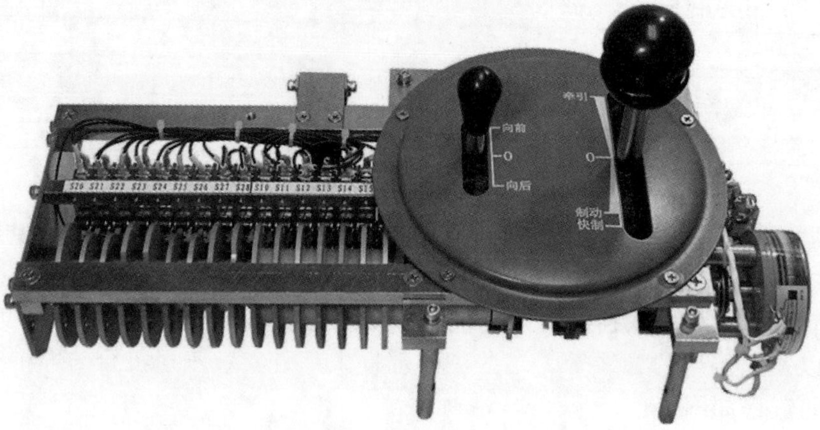

图 3-1-1　S355D 型控制器

（一）司机控制器结构

司机控制器由控制手柄、方向手柄、输出电位器、主控钥匙、控制凸轮、换向凸轮、行程开关等组成，如图 3-1-2 所示。

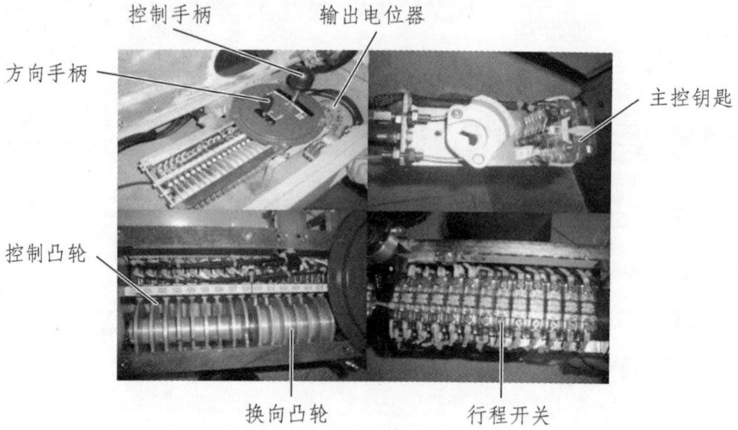

图 3-1-2　司机控制器的结构

面板上装有两种类型的手柄：控制手柄和换向手柄。警惕按钮安装在控制手柄上。为防止误操作，在控制手柄和换向手柄之间设置了机械联锁，即控制手柄在“0”位时，换向手柄方可操作，换向手柄在非“0”位时，控制手柄方可操作。

只有换向手柄在“0”位时，机械锁方可锁闭司控器。

控制手柄上有 4 个挡位：“牵引”位、“0”位、“制动”位、“快制”位。在“牵引”最大位、“0”位、“制动”最大位、“快速制动”位均有定位，挡位可相互无极调整。

换向手柄上有 3 个挡位：“向前”“0”“向后”，且 3 个挡位均有定位。

（二）司机控制器的工作原理

使用时，先打开机械锁，再由换向手柄选定机车的行车方向和工况，再操作控制手柄来控制机车的速度。在行车过程中，如需要改变机车的工况时，必须将控制手柄放回“0”位后，才可进行换向手柄的操作。如司机需要进行异端操作时，必须将本端司控器的控制手柄置“0”位，且换向手柄置“0”位，锁闭机械锁，拔出钥匙，方可进行异端操作。

司机控制器在调试、维护后及司机整备作业时，需检查控制手柄、换向手柄有无卡滞，联锁关系是否正常，以防止异物掉入造成手柄卡滞或其他故障。

（三）司机控制器技术参数

表 3-1-1　技术参数

序号	技术项目	技术参数
1	触头	额定电压（U_e）：DC 110 V； 预热发热电流（I_{th}）：DC 10 A； 额定电流：DC 1.0 A
2	触头特点	速动型； 采用密封结构； 节点具有自净功能，可提高用作计算机信号时的可靠性
3	防护等级 （污染等级 3）	整机：IP00； 触头：IP00（接线部分）；IP40（触点部分）
4	手柄操作力	控制手柄操作力：(30±10)N； 换向手柄操作力：(15±5)N
5	寿命	机械寿命＞2×10^6次； 电寿命＞2×10^5次
6	接线方式	触头（司控器内部）：M3 螺钉； 司控器对外连接：HAN46EE； 司控器内部：HAN3HPR

二、司机控制器的检修与测量

（一）司机控制器的检修

表 3-1-2　司机控制器的检修内容

检修内容	检修标准	日检	双周检	三月检	年检
检查蓄电池箱外观	（1）箱体安装螺栓防松线无错位，吊耳无裂纹。 （2）蓄电池箱无损坏，箱盖锁闭标志线对齐。 （3）各箱盖板无变形现象，箱体无变形、裂纹，箱体油漆破损面积≤900 mm^2，超过则进行补漆，未超过则做好记录到年检时统一补漆。 （4）检查蓄电池箱锁锁舌与螺栓紧固状态，紧固件防松线无错位	√	√	√	√

续表

检修内容	检修标准	日检	双周检	三月检	年检
进行蓄电池均衡充放电	拆卸蓄电池，用恒流恒压充电机进行充放电				√
蓄电池单体电压测量	测量蓄电池单体电压，单体电压在 1.2 ~ 1.35 V			√	√
检查蓄电池液	检查蓄电池液体不能高于上标且不能低于上标的四分之三处			√	√
检查蓄电池间连接线、连接板、导轨、滚轮坦克链、螺栓及拉杆	（1）蓄电池单体电缆无松动，温度传感器安装良好。 （2）蓄电池坦克链无断裂，无干涉，状态良好。 （3）蓄电池箱拉杆无裂纹、烧伤痕迹。 （4）检查蓄电池托架滚轮，外观应完好，滚动灵活，滚轮卡簧无裂纹、丢失			√	√
检查熔断器箱	（1）箱体内部无灼伤痕迹。 （2）熔断器箱内接线正常			√	√
	（3）检查箱体合页无裂纹，外部箱体掉漆 ≤900 mm^2，超过则进行补漆，未超过则做好记录到年检时统一补漆			√	√

（二）司机控制器的测量

1. 行程开关

用万用表测量行程开关接触电阻，接触电阻阻值应＜500 mΩ。如接触电阻≥500 mΩ，则进行更换。

2. 绝缘电阻测量

（1）用 500 V 兆欧表测量速动开关回路与其余之间的绝缘电阻，应不小于 10 MΩ。
（2）用 500 V 兆欧表测量电位器回路与其余之间的绝缘电阻，应不小于 5 MΩ。

三、司机控制器的常见故障及处理方法

表 3-1-3　司机控制器的故障处理

序号	故障现象	直接原因	处理方法
1	闭合错误	接点故障	查找故障的接点并更换
		连接器插接不良或错误	检查连接器插针导通及插接情况
2	模拟电压输出有误	输入电压误差超出正常范围	检测输入电压使其满足正常电压要求范围
		分压电阻故障	更换损坏的电阻元件
		电位器故障	更换损坏的电位器

续表

序号	故障现象	直接原因	处理方法
3	手柄挡位无感觉或不清晰	弹片组件断裂	更换损坏的弹片组件
4	手柄卡滞	异物掉入	及时清除异物
		联锁滑块起毛刺	对联锁滑块修复
5	拉主手柄时，有异响	阻尼弹片组件中有异物	在阻尼组件与阻尼轴间涂抹 2#铁路锂基润滑脂或类似的润滑油，拉动主手柄使阻尼轴与阻尼组件完全、均匀的润滑

四、知识拓展——地铁列车无人驾驶

相较于传统地铁驾驶模式，无人驾驶可以按照最优模式提供更精准的运营控制，不仅能够提高列车运营的灵活性，缩短行车间隔，提升运行效率，还可以减少运营成本，改善运营服务质量。地铁列车从休眠、唤醒、出入库、洗车，到正线运行、开关门、发车以及列车内部的空调、照明等系统管理，再到列车故障处理等都由系统自动管理，正常情况下无须人工干预。具体优势如下：

（1）地铁全自动运行可以有效帮助运营人员加强对列车的调度与管控，减少人为失误，显著提高地铁运营的平稳度和安全性。

（2）全自动驾驶具有集成化和高度自动化特征，可以按照最优模式提供更精准的运营控制，不仅能提高其灵活性，还能缩短行车间隔，提升运营效率。

（3）无人自动驾驶系统的车辆控制、列车控制系统、通信网络等设备均采用冗余技术进行配置，实现主、备系统的“无缝”切换；增强车辆自检能力，保证上线列车的不间断正常持续运行；增强了综合监控系统、站台门系统等的可靠性、可用性；还可以根据需要灵活调整地铁运行间隔，减少因人工参与而对运营效率的影响，随时增、减列车，提高系统对突发大客流（大型活动，如体育比赛、演唱会等）的响应能力，提升运营组织灵活性。

（4）无人驾驶运行系统还会带来更好的维保服务，比如，可以利用人工智能的方式，对地铁的设备进行分析和监测，提前预判可能会发生的故障，从而避免发生。

任务考核

表 3-1-4　任务考核单

任务名称：司机控制器的检修					
专业	课程	班级	姓名	学号	考核
作业准备	穿好劳动防护用品，戴好安全帽				
安全要点	注意用电安全，非作业人员在安全距离外				

一、知识总结

问题 1：司机控制器的基本结构有哪些？

问题 2：司机控制器的工作原理是什么？

二、操作运用

操作 1：完成司机控制器的拆装及测量的全过程。

拆装过程若出现故障，请填写：

故障原因：

处理措施：

操作 2：识图并完成司机控制器控制凸轮零部件序号的标注。

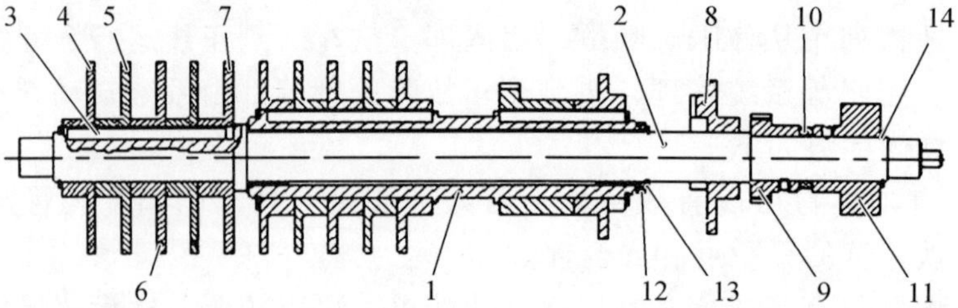

序号	部件名称	序号	部件名称	序号	部件名称	序号	部件名称
1		2		3		4	
5		6		7		8	
9		10		11		12	
13		14					

操作 3：完成司机控制器的测量。

测量项目 1	测量值 1	测量值 2	测量值 3	使用工具
触电测量				
分析				
结果				
说明	测得数据保留到小数点后两位			

测量项目 2	测量值 1	测量值 2	测量值 3	使用工具
绝缘电阻测量				
分析				
结果				
说明	测得数据保留到小数点后两位			

续表

三、任务小结 收获：________ 失误：________ 四、成绩评定				
评价等级	知识掌握	过程操作	团队协作	自主学习
指导老师（签字）		日期		

任务二　继电器的检修

任务要求

（1）了解继电器的结构、工作原理及技术参数。

（2）掌握继电器的检查及测量。

（3）掌握继电器常见故障的处理方法。

任务准备

城市轨道交通车辆继电器实物若干，仪器仪表、多媒体设备等。

任务实施

一、继电器的结构、工作原理及技术参数

继电器是指当输入量（如电压、电流、温度等）达到规定值时，使被控制的输出电路导通或断开的电器。实际上继电器就是一个电子开关。下面以电磁继电器为例进行说明。

电磁继电器作为一种电子控制器件，具有控制系统（输入回路）和被控制系统（输出回路），通常应用于自动控制电路中，具有用较小的电流、较低的电压去控制较大电流、较高的电压的开关控制方式，在电路中起着自动调节、安全保护、转换电路等作用。

（一）继电器的结构

继电器由电磁系统、接触系统、防护系统组成，其基本结构如图 3-2-1 所示。

1. 电磁系统

电磁系统的主要部件是线圈、铁芯、轭铁、衔铁、气隙，主要任务是接收输入信号，如电压、电流、功率等电信号，也可以是压力、速度、温度等非电信号。在磁路中，最重

要的就是磁路气隙，它是衔铁和铁芯之间的一段空隙。线圈未通电时气隙为最大值，触点为初始态；线圈通电后，气隙为零，触点变位为动作态。

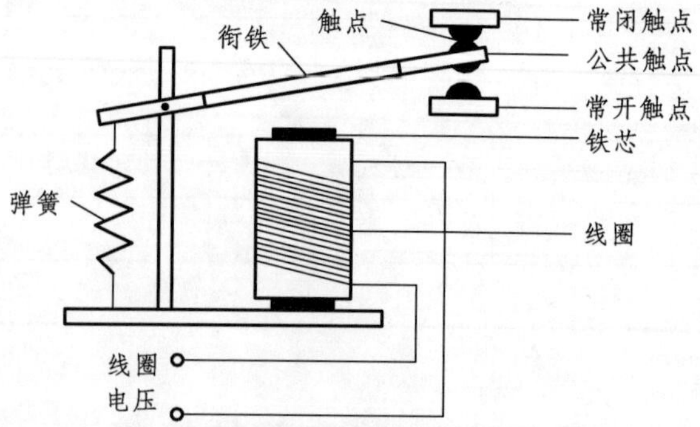

图 3-2-1　继电器结构图

2. 接触系统

接触系统的主要部件是动簧片、静簧片、触点底座，主要任务是接收电磁系统传来的信号并进行相应的动作，以实现变换、控制、保护、检测电路等功能。

3. 防护系统

防护系统的主要部件是基座、外壳，主要任务是尽快熄灭电器触点在分断电路时产生的电弧，从而保护电器触点不受损伤，以延长电器的寿命。

通常把继电器线圈未通电时处于断开状态的静触点称为“常开触点”，把处于接通状态的静触点称为“常闭触点”，以上两者共用的动触点称为“公共触点”。

（二）继电器的工作原理

当线圈两端没有施加电压时，线圈没有产生磁力，弹簧的拉力使公共触点与常闭触点接触，此时被控电源与用电器没有连通，用电器负载不工作，如图 3-2-2 所示。

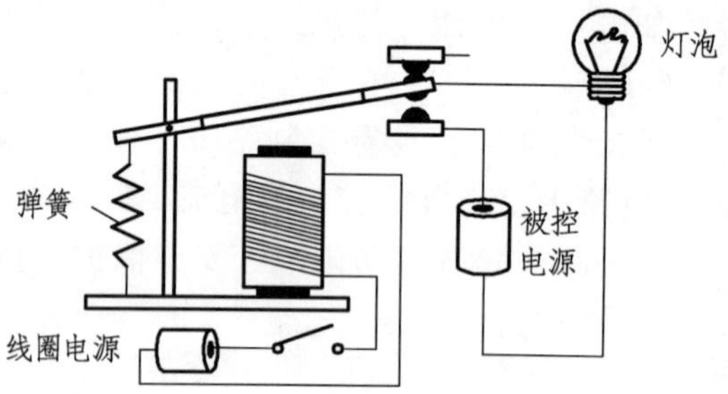

图 3-2-2　未通电时触点的状态

当线圈两端施加一定的电压时，线圈电流使铁芯产生磁力，将衔铁吸下来，从而使公共触点与常开触点接触，从而使被控电源与用电设备连通，用电器负载开始工作，如图 3-2-3 所示。

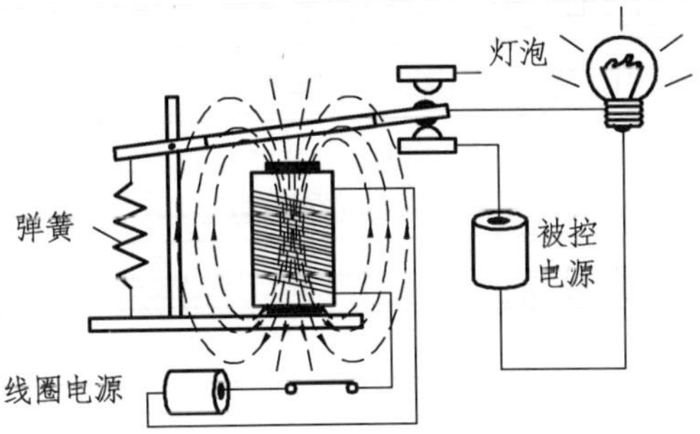

图 3-2-3　已通电时触点的状态

这样的开关控制方式可以获得两个好处，一是控制电路与被控电路是相互绝缘隔离的，被控电路即使有高压大电流也不会影响控制系统；二是控制线圈的信号可以是弱信号，而被控制电源可以是强信号，实现用小电流控制大电流的开关作用。

（三）继电器的技术参数

继电器的主要特征参数为额定电压、吸合电压、释放电压、吸合时间、释放时间、线圈消耗功率、触点接触电阻、绝缘电阻、触点负荷和寿命等，具体如下：

1. 继电器的额定工作电压

继电器的额定工作电压是指继电器正常工作时线圈所需要的电压。一般使用直流电压，但对于交流继电器可以是交流电压。

2. 继电器的直流电阻

继电器的直流电阻是指继电器中线圈的直流电阻，可以通过三用电表来测量。

3. 继电器的接触电阻

继电器的接触电阻是指继电器中接点接触后的电阻。此电阻值一般很小，不宜通过万用表测量，宜使用低阻计配合四线测量方式来测量。对于许多继电器来说，接触电阻无穷大或者不稳定是最大的问题。

4. 继电器的吸合电流或电压

继电器的吸合电流或电压是指继电器能够产生吸合动作的最小电流或最小电压。在正常使用时，给定的电流必须略大于吸合电流，这样继电器才能稳定地工作。而对于线圈所加的工作电压，一般也不要超过额定工作电压的 1.5 倍，否则会产生较大的电流而把线圈烧毁。

5. 继电器的释放电流或电压

继电器的释放电流或电压是指继电器产生释放动作的最大电流或最大电压。当继电器吸合状态的电流减小到一定程度时，继电器就会恢复到未通电的释放状态。这时的电流远远小于吸合电流。

6. 继电器的触点切换电压和电流

继电器的触点切换电压和电流是指继电器接点允许承载的电压和电流。它决定了继电器能控制电压和电流的大小，使用时不能超过此值，否则很容易损坏继电器的触点。

二、继电器的检修与测量

（一）继电器的检查

（1）继电器外壳用毛刷或干布擦干净，检查玻璃盖罩是否完整良好。

（2）检查继电器外壳与底座结合得是否牢固严密，外部接线端钮是否齐全，原铅封是否完好。打开外壳后，内部如果有灰尘，可用吹气球吹净，再用干布擦干。

（3）检查所有接点与支持螺丝、螺母是否有松动现象，螺母不紧最容易造成继电器误动作。

（4）检查继电器各元件的状态是否正常，元件的位置必须正确。有螺旋弹簧的，平面应与其轴心严格垂直。各层弹簧之间不应有接触处，否则由于摩擦加大，可能使继电器动作曲线和特性曲线相差很大。

（二）继电器的测量

1. 测量触点电阻

用万用表的电阻挡测量常闭触点与动点电阻，其阻值应为 0；测量常开触点与动点的阻值，其阻值应为无穷大。由此可以区别出哪个是常闭触点，哪个是常开触点。

2. 测量线圈电阻

可用万用表 $R\times10$ 挡测量继电器线圈的阻值，从而判断该线圈是否存在开路现象。

3. 测量线圈好坏

将万用表置于 $R\times100$ 或 $R\times1\text{k}$ 挡，两表笔（不分正、负）接继电器线圈的两引脚（见图 3-2-4），万用表指示应与该继电器的线圈电阻基本相符。如阻值明显偏小，说明线圈局部短路；如阻值为 0，说明两线圈引脚间短路；如阻值为无穷大，说明线圈已断路或引脚脱焊。

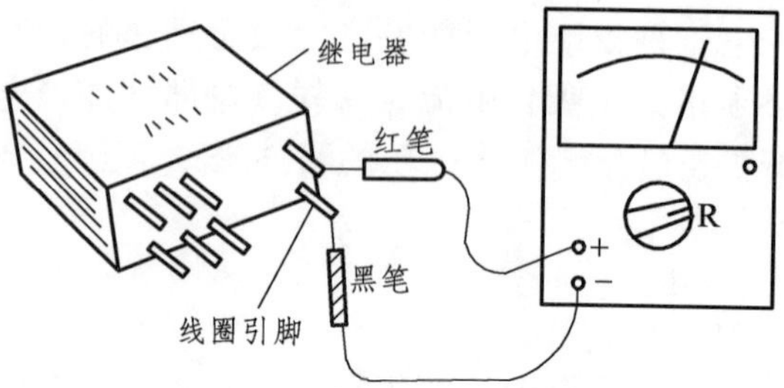

图 3-2-4　继电器线圈测试

4. 测量触点通断

给继电器线圈加上规定的工作电压，用万用表 $R\times1\text{k}$ 挡检测触点的通断情况（见图 3-2-5

所示）。未加电时，常开触点不通，常闭触点导通；加电时，应能听到继电器吸合声，这时常开触点导通，常闭触点不通，转换触点应随之转换，否则说明该继电器损坏。对于多组触点继电器，如果部分触点损坏，其余触点动作正常则仍可使用。

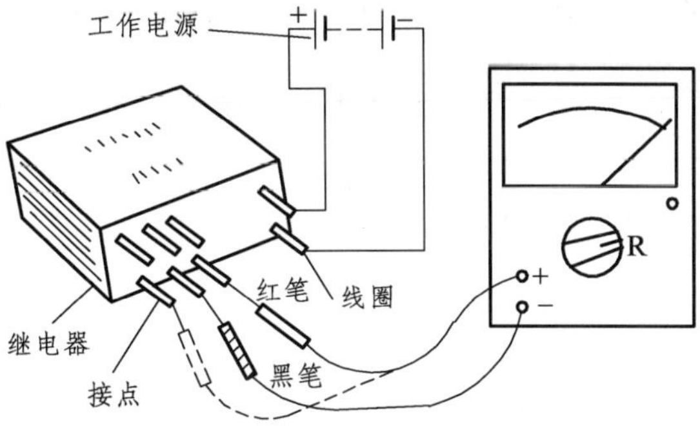

图 3-2-5　继电器触点通断测试

三、继电器常见故障及处理方法

（一）感测机构的检修

对于电磁式（电压、电流、中间）继电器，其感测机构即为电磁系统。电磁系统的故障主要集中在线圈及动、静铁芯部分。

1. 线圈故障检修

线圈故障通常有：线圈绝缘损坏；受机械伤形成匝间短路或接地；由于电源电压过低，动、静铁芯接触不严密，使通过线圈电流过大，线圈发热以致烧毁。其修理时，应重绕线圈。如果线圈通电后衔铁不吸合，可能是线圈引出线连接处脱落，使线圈断路，检查出脱落处并焊接上即可。

2. 铁芯故障检修

（1）通电后衔铁吸不上。这可能是由于线圈断线，动、静铁芯之间有异物，电源电压过低等造成的。应区别情况进行修理。

（2）通电后，衔铁噪声大。这可能是由于动、静铁芯接触面不平整或有油污染造成的。修理时，应取下线圈，锉平或磨平其接触面。如有油污应进行清洗。噪声大可能是由于短路、环断裂引起的，修理或更换新的短路环即可。

（3）断电后，衔铁不能立即释放。这可能是由于动铁芯被卡住、铁芯气隙太小、弹簧劳损和铁芯接触面有油污等造成的。检修时应针对故障原因区别对待，或调整气隙使其处于 0.02 ~ 0.05 mm，或更换弹簧，或用汽油清洗油污。

（二）执行机构的检修

大多数继电器的执行机构都是触点系统，通过它的“通”与“断”，来完成一定的控制功能。触点系统的故障一般有触点过热、磨损、熔焊等。引起触点过热的主要原因是容量不够，触点压力不够，表面氧化或不清洁等；引起磨损加剧的主要原因是触点容量太小，电弧温度过高使触点金属氧化等；引起触点熔焊的主要原因是电弧温度过高或触点严重跳动等。触点的检修顺序如下：

（1）打开外盖，检查触点表面情况。

（2）如果触点表面氧化，对银触点可不进行修理，对铜触点可用油光锉锉平或用小刀轻轻刮去其表面的氧化层。

（3）如果触点表面不清洁，可用汽油或四氯化碳清洗。

（4）如果触点表面有灼伤烧毛痕迹，对银触点可不必整修，对铜触点可用油光锉或小刀整修。不允许用砂布或砂纸来整修，以免残留砂粒，造成接触不良。

（5）触点如果熔焊，应更换触点。如果是因触点容量太小造成的，则应更换容量大一级的继电器。

（6）如果触点压力不够，应调整弹簧或更换弹簧来增大压力。若压力仍不够，则应更换触点。

（三）中间机构的检修

（1）对空气式时间继电器，其中间机构主要是气囊，其常见故障是延时不准。这可能是由于气囊密封不严或漏气，使动作延时缩短甚至不延时造成的；也可能是气囊空气通道堵塞，使动作延时变长造成的。修理时，对于前者应重新装配或更换新气囊，对于后者应拆开气室，清除堵塞物。

（2）对速度继电器，其胶木摆杆属于中间机构。如反接制动时电动机不能制动停转，就可能是胶木摆杆断裂造成的。检修时应予以更换。

四、知识拓展——交流继电器与直流继电器的区别

交流继电器：铁芯采用叠片式，绕组数少，实际阻抗小。

直流继电器：铁芯采用整体式，绕组数多，实际阻抗大。

直流继电器和交流继电器的工作原理一样，都是根据电磁理论，但直流继电器的电源必须是直流电，交流继电器的电源必须是交流电源。直流继电器线圈的直流电阻很大，线圈电流大小等于电压除以线圈的直流电阻，所以线圈导线细而且匝数很多。

交流继电器线圈匝数相应较少，因为交流电路里除了线圈电阻以外，限制电流大小的主要是线圈感抗，感抗 X_L 的大小与交流电的频率成正比，如果将交流继电器接在直流电路里，由于直流电的频率等于零，所以感抗 $X_L=0$，而线圈的内阻又很小，所以线圈会发热而烧毁。相反，直流继电器接到交流电源时会因线圈的内阻很大和出现很大感抗造成线圈吸合不上，所以不能互换。

任务考核

表 3-2-1　任务考核单

任务名称：继电器的检修					
专业	课程	班级	姓名	学号	考核
作业准备	穿好劳动防护用品，戴好安全帽				
安全要点	注意用电安全；非作业人员在安全距离外				

一、知识总结

问题 1：继电器的基本结构有哪些？

问题 2：继电器的工作原理是什么？

二、操作运用

操作 1：完成中间继电器拆装及检测的全过程。

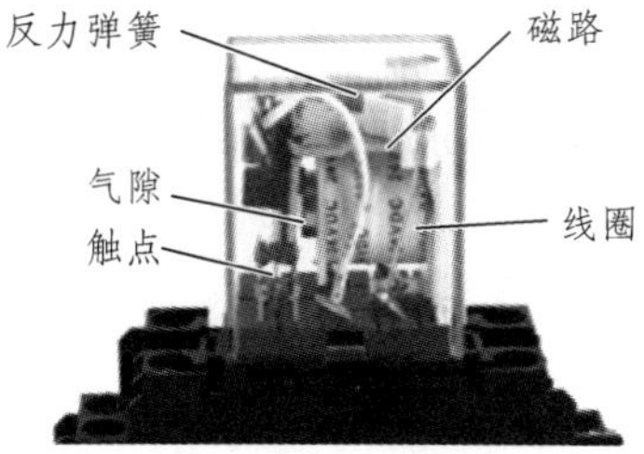

拆装过程若出现故障，请填写：

故障原因：

处理措施：

操作 2：绘制继电器的图形符号。

中间继电器	电流继电器	电压继电器	通电延时继电器	断电延时继电器

操作 3：完成继电器的测量。

测量项目 1	测量值 1	测量值 2	测量值 3	使用工具
触点电阻测量				
分析				
结果				
说明	测得数据保留到小数点后两位			

续表

测量项目2	测量值1	测量值2	测量值3	使用工具
线圈电阻测量				
分析				
结果				
说明	测得数据保留到小数点后两位			

三、任务小结

收获：______

失误：______

四、成绩评定

评价等级	知识掌握	过程操作	团队协作	自主学习
指导老师（签字）		日期		

任务三 接触器的检修

任务要求

（1）了解接触器的结构、工作原理及技术参数。

（2）掌握继电器的检修及测量。

（3）掌握接触器的常见故障及处理方法。

任务准备

城市轨道交通车辆接触器实物若干，仪器仪表，多媒体设备，等等。

任务实施

一、接触器的结构、工作原理及技术参数

（一）接触器的结构

接触器是利用电磁力来接通和断开主电路的执行电器，常用于电动机、电炉等负载的自动控制。接触器的工作频率可达每小时几百甚至上千次，能方便地实现远距离控制。

1. 交流接触器的基本结构

1）电磁机构

交流接触器的电磁机构由铁芯（两侧柱端部嵌有短路环）、电磁线圈、衔铁、反作用力

弹簧和缓冲弹簧等组成。衔铁的运动形式有绕轴转动的拍合式和直线运动的直动式，衔铁直线运动式又可分为正装直动式和倒装直动式（即触头在电磁机构的下方）。

2）触头系统

交流接触器的触头可分为主触头和辅助触头。主触头用于接通、断开电流较大的负荷电路（即主电路），所以主触头截面积较大，一般为平面型。辅助触头截面积较小，一般为球面型，用于接通、断开控制电路、信号电路等。交流接触器的主触头多为常开触头，辅助触头则有常开触头及常闭触头两种。交流接触器的触头有桥式双断点和指式单断点等型号。

3）灭弧装置

交流接触器的主触头在切断具有较大感性负荷的电路时，动、静触头间会产生强烈的电弧，灭弧装置可使电弧迅速熄灭，减轻电弧对触头的烧蚀并防止相间短路。交流接触器的灭弧装置有栅片灭弧、电动力灭弧、纵缝灭弧、磁吹灭弧等几种。

2. 直流接触器的结构

1）电磁机构

直流接触器电磁机构由铁芯、线圈和衔铁等组成，多采用绕棱角转动的拍合式结构。由于线圈中通的是直流电，正常工作时，铁芯中不会产生涡流，不会发热，没有铁损耗，铁芯可用整块铸铁或铸钢制成。由于铁芯中磁通恒定，因此其极面上也不需要短路环。

2）触点系统

直流接触器有主触头和辅助触头。主触头一般做成单极或双极，由于触头接通或断开的电流较大，所以采用滚动接触的指形触头。辅助触头的通断电流较小，常采用点接触的双断点桥式触头。

3）灭弧装置

由于直流电弧不像交流电弧有自然过零点，直流接触器的主触头在分断较大电流（直流电路）时，灭弧更困难，往往会产生强烈的电弧，容易烧伤触点和延时断电。为了迅速灭弧，直流接触器一般采用磁吹式灭弧装置，并装有隔板及陶土灭弧罩。

（二）接触器的工作原理

当吸引线圈两端施加额定电压时，会产生电磁力，将动铁芯（上铁芯）吸下，动铁芯带动动触点一起下移，使动合触点闭合以接通电路，动断触点断开以切断电路；当吸引线圈断电时，铁芯失去电磁力，动铁芯在复位弹簧的作用下复位，触点系统恢复常态。三相交流接触器的触点系统中有三对主触点和若干对辅助触点，主触点可以通过较大的主电流，并设有隔弧和灭弧装置。主触点常用在主电路中控制三相负载，辅助触点用在电流较小的控制电路中。接触器结构及符号如图 3-3-1 所示。

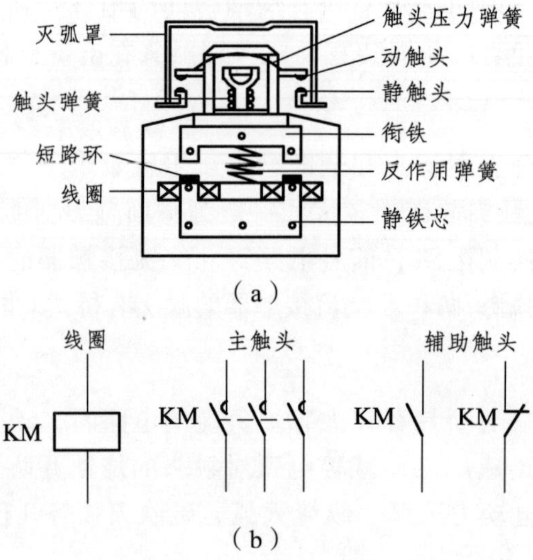

图 3-3-1　接触器结构及符号

(三) 接触器的技术参数

1. 额定电压

接触器铭牌额定电压是指主触点上的额定电压。通常用的电压等级为：

直流接触器：110 V，220 V，440 V，660 V 等挡位。

交流接触器：127 V，220 V，380 V，500 V 等挡位。

如某负载是 380 V 的三相感应电动机，则应选 380 V 的交流接触器。

1）额定工作电压

额定工作电压是与额定工作电流共同决定接触器使用条件的电压值，接触器的接通与分断能力、工作制种类以及使用类别等技术参数都与额定工作电压有关。

对于多相电路来说，额定工作电压是指电源相间电压（即线电压）。另外，接触器可以根据不同的工作制和使用类别规定许多组额定工作电压和额定电流的数值。例如，对于 CJ10-40 型交流接触器，额定电压为 220 V 时，可控制电动机为 11 kW；额定电压为 380 V 时，可控制电动机为 20 kW。

2）额定绝缘电压

额定绝缘电压是与介电性能试验、电气间隙和爬电距离有关的一个名义电压值，除非另有规定，额定绝缘电压是接触器的最大额定工作电压。在任何情况下，额定工作电压不得超过额定绝缘电压。

2. 额定电流

接触器铭牌额定电流是指主触点的额定电流。通常用的电流等级为：

直流接触器：25 A，40 A，60 A，100 A，250 A，400 A，600 A。

交流接触器：5 A，10 A，20 A，40 A，60 A，100 A，150 A，250 A，400 A，600 A。

上述电流是指接触器安装在敞开式控制屏上，触点工作时不超过额定温升，负载为间断-长期工作制时的电流值。所谓间断-长期工作制是指接触器连续通电时间不超过 8 h。若超过 8 h，必须空载开闭 3 次以上，以消除表面氧化膜。

1）额定工作电流

（1）主触头额定工作电流。

主触头额定工作电流是指根据额定工作电压、额定功率、额定工作制、使用类别以及外壳防护型式等所决定的保证接触器正常工作的电流值。

（2）辅助触头额定工作电流。

辅助触头额定工作电流是指考虑到额定工作电压、额定操作频率、使用类别以及电寿命而规定的辅助触头的电流值，一般不大于 5 A。

3. 线圈的额定电压

通常用的电压等级为：

直流线圈：24 V，48 V，220 V，440 V。

交流线圈：36 V，127 V，220 V，380 V。

选用时交流负载用交流接触器，直流负载用直流接触器，但交流负载频繁动作时可采用直流吸引线圈的接触器。通常采用的是直流 110 V，220 V；交流 127 V，220 V，380 V。直流接触器断开时产生的过电压可达 10 ~ 20 倍，故不宜采用高电压等级（440 V 已停止生产）。电压太低，接通此线圈用的继电器或接触器的联锁触点不可靠（如灰尘或油层存在）。

4. 额定操作频率

额定操作频率指每小时接通次数。交流接触器最高为 600 次/h，直流接触器可高达 1 200 次/h。

综上所述，选择接触器可按下列步骤进行：

（1）根据负载性质确定工作任务类别。

（2）根据类别确定接触器系列（详见我国电工专业标准 D25-29 和 D210-61）。

（3）根据负载额定电压确定接触器的额定电压。

（4）根据负载电流确定接触器的额定电流，并根据外界实际条件加以修正。

（5）选定吸引线圈的额定电压，根据负载情况复核操作频率，它应在额定范围之内。

二、接触器的检修与测量

（一）接触器的检修（交流接触器）

1. 运行中须检查：

（1）通过的负荷电流是否在接触器额定值之内。

（2）接触器的分合信号指示是否与电路状态相符。

（3）运行声音是否正常，有无因接触不良而发出放电声。

（4）电磁线圈有无过热现象，电磁铁的短路环有无异常。

（5）灭弧罩有无松动和损伤情况。
（6）辅助触点有无烧损情况。
（7）传动部分有无损伤。
（8）周围运行环境有无不利运行的因素，如震动过大、通风不良、尘埃过多等。

2. 维护

对电气设备进行维护工作时，应一并对接触器进行维护。

1）外部维护

（1）清扫外部灰尘。
（2）检查各紧固件是否松动，特别是导体连接部分，防止接触松动而发热。

2）触点系统维护

（1）检查动、静触点位置是否对正，三相线路触点是否同时闭合，如有问题应调节触点弹簧。

（2）检查触点磨损程度，磨损深度不得超过 1 mm；触点有烧损、开焊脱落时，须及时更换；轻微烧损及发黑时，一般不影响使用；即使触点表面被烧得凸凹不平，也只能用锉清除四周溅珠或毛刺；清理触点时不允许使用砂纸，以免石英砂粒留在触头间，而不能保持良好的接触。

（3）测量相间绝缘电阻，阻值不低于 10 MΩ。

（4）检查辅助触点动作是否灵活，触点行程应符合规定值；检查触点有无松动脱落，发现问题时，应及时修理或更换。

3）铁芯部分维护

（1）清扫灰尘，特别是运动部件及铁芯吸合接触面之间。
（2）检查铁芯的紧固情况，铁芯松散会引起运行噪声加大。
（3）铁芯短路环有脱落或断裂应及时修复。

4）电磁线圈维护

（1）测量线圈绝缘电阻。
（2）检查线圈绝缘物有无变色、老化现象，线圈表面温度不应超过 65 °C。
（3）检查线圈引线连接，如有开焊、烧损应及时修复。

5）灭弧罩部分维护

（1）检查灭弧罩是否破损。
（2）灭弧罩位置有无松脱和位置变化。
（3）清除灭弧罩缝隙内的金属颗粒及杂物。

（二）接触器的测量

（1）检查交流接触器外观是否完整无缺，各接线端和螺钉是否完好。
（2）用万用表欧姆挡检测各触点分、合情况是否良好：用手或旋具同时按下动触头并用力均匀（切忌对旋具用力过猛，防止触点变形或损坏器件）。

常闭触点：当用万用表表笔分别接触常闭触点的两接线端时 $R=0$，手动操作后 $R=\infty$。

常开触点：当用万用表表笔分别接触常闭触点的两接线端时 $R=\infty$，手动操作后 $R=0$。

线圈电阻测量：用万用表检测接触器线圈直流电阻是否正常（一般为 1.5 ~ 2 kΩ）。

检查接触器线圈电压与电源电压是否相符。

三、接触器常见故障及处理

表 3-3-1 接触器常见故障处理

故障现象	原因	处理办法
接触不良	（1）电源电压过低或波动过大。 （2）操作回路电源容量不足或发生断线，接线错误及控制触头接触不良。 （3）控制电源电压与线圈电压不符。 （4）产品本身受损（如线圈断线或烧毁、机械可动部分被卡死、转轴歪斜等）。 （5）触头弹簧压力与超程过大。 （6）电源离接触器太远，连接导线太细	（1）调节电源电压。 （2）增加电源容量，纠正、修理控制触头。 （3）更换线圈。 （4）更换线圈，排除卡住故障。 （5）按要求调整触头参数。 （6）更换较粗的连接导线
不释放或释放缓慢	（1）触头弹簧压力过大。 （2）触头熔焊。 （3）机械可动部分被卡死，转轴歪斜。 （4）反力弹簧损坏。 （5）铁芯极面有油污或灰尘。 （6）E 型铁芯使用时间太长，去磁气隙消失，剩磁增大，使铁芯不释放	（1）调整触头参数。 （2）排除熔焊故障，修理或更换触头。 （3）排除卡死故障，修理受损零件。 （4）更换反力弹簧。 （5）清理铁芯极面。 （6）更换铁芯
线圈过热或烧损	（1）电源电压过高或过低。 （2）线圈技术参数（如额定电压、频率、负载因数及适用工作制等）与实际使用条件不符。 （3）操作频率过高。 （4）线圈制造不良或由于机械损伤、绝缘损坏等。 （5）使用环境条件特殊：空气潮湿，含有腐蚀性气体或环境温度过高。 （6）运动部分卡住。 （7）交流铁芯极面不平或去磁气隙过大	（1）调整电源电压。 （2）调换线圈或接触器。 （3）选择其他合适的接触器。 （4）更换线圈，排除引起线圈机械损伤的故障。 （5）采用特殊设计的线圈。 （6）排除卡住部分。 （7）清除极面或调换铁芯
电磁铁（交流）噪声大	（1）电源电压过低。 （2）触头弹簧压力过大。 （3）磁系统歪斜或机械上卡住，使铁芯不能吸平。 （4）极面生锈或异物（如油垢、尘埃）黏附铁芯极面。 （5）短路环断裂。 （6）铁芯极面磨损过度而不平	（1）提高操作回路电压。 （2）调整触头弹簧压力。 （3）排除机械卡住故障。 （4）清理铁芯极面。 （5）调换铁芯或短路环。 （6）更换铁芯

续表

故障现象	原因	处理办法
触头熔焊	（1）操作频率过高或产品超负荷使用。 （2）负载侧短路。 （3）触头弹簧压力过小。 （4）触头表面有金属颗粒突起或有异物。 （5）操作回路电压过低或机械上卡住，致使吸合过程中有停滞现象时，触头停顿在刚接触的位置上	（1）调换合适的接触器。 （2）排除短路故障，更换触头。 （3）调整触头弹簧压力。 （4）清理触头表面。 （5）提高操作电源电压，排除机械卡住故障，使接触器吸合可靠
触头过热或灼伤	（1）触头弹簧压力过小。 （2）触头上有油污，表面高低不平，金属颗粒突出。 （3）铜触头用于长期工作制。 （4）触头的超程太小	（1）调高触头弹簧压力。 （2）清理触头表面。 （3）接触器降容使用。 （4）调整触头超程或更换触头
短时内触头过度磨损	（1）接触器选用欠妥，在以下场合时，容量不足： ①反接制动； ②有较多密接操作； ③操作频率过高。 （2）三相触头不同时接触。 （3）负载侧短路。 （4）接触器不能可靠吸合	（1）接触器降容使用或改用适于繁重任务的接触器。 （2）调整至触头同时接触。 （3）排除短路故障，更换触头。 （4）见动作不可靠处理办法

四、知识拓展

交流接触器的触电容量不同，为何使用的工作电源也不同呢？

电磁式接触器，是常见常用的一种电气控制器件，在触点容量低于 60 A 的交流接触器中，其吸台线圈工作电源多直接使用交流电源（常见 AC 380 V、220 V、36 V 三种电压等级）；而接触器触点容量一旦高于 60 A 后，其吸台线圈工作电源则大多变成直流形式（虽然也是引入交流电源但经过了整流电路转换），那么这种方式背后的深层次原因是什么？生产厂家如此设计和制造交流接触器有何深意？

（1）相对于触点容量低于 60 A 的交流接触器，触点容量越大的交流接触器，其连续工作时间就越长（毕竟对于大功率负载，如果频繁进行启停操作的话，对电网冲击是相当大的），如此一来其吸合线圈的发热量自然会很高。由于交流电的特性所致，吸合线圈除自身工作发热外，还会在吸合回路当中形成铁损、铜损、流损耗等附用损耗，如此其发热量必然要高于仅存在自身工作热量（其他损耗可忽略不计）的直流电源型吸合线圈，故使用直流电作为接触器吸合线圈的工作电源，更适用于长时间的工作环境。

（2）同直流电源相比，交流电源更易受到来自电网当中电动机、变频器、电焊机等干扰源产生的电磁、谐波干扰，如此一来会使得以交流电作为工作电源的接触器吸台线圈发生瞬间释放、来回剧烈波动等非正常现象。而交流电源在经过二极管等元件整流后，上述干扰因素大多会被滤除掉，继而使得接触器工作更为平稳可靠。

任务考核

表 3-3-2　任务考核单

<table>
<tr><td colspan="6">任务名称：接触器的检修</td></tr>
<tr><td>专业</td><td>课程</td><td>班级</td><td>姓名</td><td>学号</td><td>考核</td></tr>
<tr><td></td><td></td><td></td><td></td><td></td><td></td></tr>
<tr><td>作业准备</td><td colspan="5">穿好劳动防护用品，戴好安全帽</td></tr>
<tr><td>安全要点</td><td colspan="5">注意用电安全；非作业人员在安全距离外</td></tr>
<tr><td colspan="6">一、知识总结
问题 1：接触器的基本结构有哪些？
问题 2：接触器的工作原理是什么？
二、操作运用
操作 1：在老师指导下，完成接触器拆装及测量的全过程。
拆装过程若出现故障，请填写：
故障原因：
处理措施：
操作 2：识图完成接触器零部件序号的标注。</td></tr>
</table>

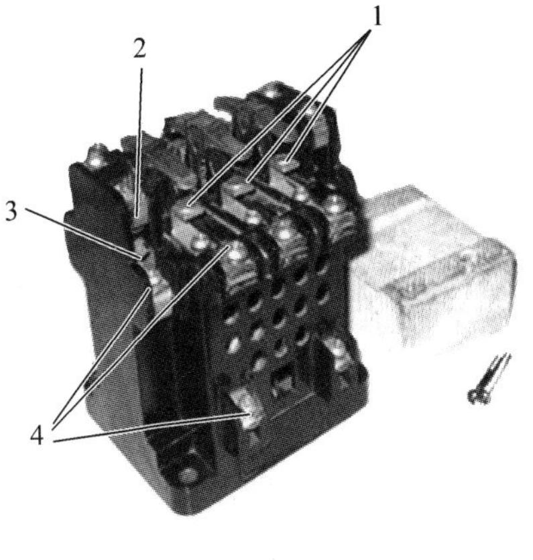

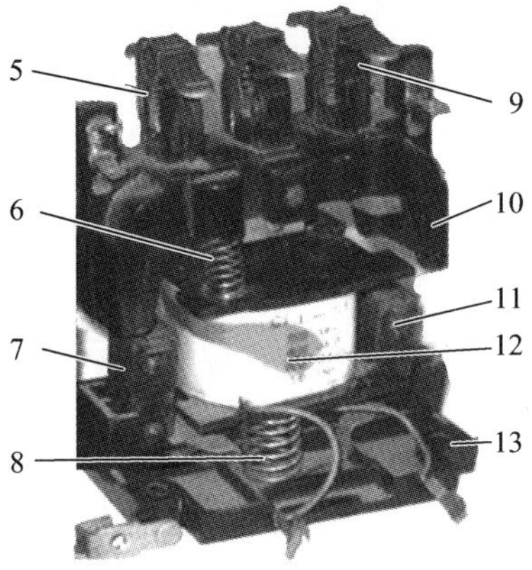

续表

序号	名称	序号	名称	序号	名称
1		2		3	
4		5		6	
7		8		9	
10		11		12	
13					

操作 3：完成接触器的测量。

测量项目 1	测量值 1	测量值 2	测量值 3	使用工具
线圈电阻测量				
分析				
结果				
说明	测得数据保留到小数点后两位			

测量项目 2	触头（对）1	触头（对）2	触头（对）3	使用工具
触头导通性测量				
分析				
结果				
说明	测得数据保留到小数点后两位			

三、任务小结

收获：______________________________

失误：______________________________

四、成绩评定

评价等级	知识掌握	过程操作	团队协作	自主学习
指导老师（签字）			日期	

任务四　熔断器的检修

任务要求

（1）了解熔断器的结构、工作原理及技术参数。

（2）掌握熔断器的检修及测量。

（3）掌握熔断器常用故障的处理方法。

任务准备

城市轨道交通车辆熔断器实物若干，计算机多媒体设备、教学资料、示教板等。

任务实施

一、熔断器的结构、工作原理及技术参数

熔断器是指当电流超过规定值时，以本身产生的热量使熔体熔断并断开电路的一种电器。熔断器又称保险丝，它串联在电路中，当该电路产生过载或短路故障时，熔断器先行熔断并切断故障电路，保护电路和电气设备。熔断器结构简单，使用方便，广泛用于电力系统、各种电工设备和家用电器中作为保护器件。

（一）熔断器的结构

熔断器主要由熔体、熔管、插刀、熔座等组成。熔体是熔断器的主要部分，它受过载或短路电流的热作用而熔化，从而达到断开故障电路的目的；熔管用以控制电弧火焰和熔化金属粒子，使其向两端喷出；通过熔座和插刀与外电路接通。熔断器实物如图 3-4-1 所示。

图 3-4-1　熔断器实物图

1. 插入式熔断器

插入式熔断器常用于 380 V 及以下电压等级的线路末端，起到对配电支线或电气设备的短路保护作用。

2. 螺旋式熔断器

熔体的上端盖有一熔断指示器，一旦熔体熔断，可透过瓷帽上的玻璃孔观察到指示器立刻弹出，它常用于机床电气控制设备中。螺旋式熔断器分断电流较大，可用于电压等级 500 V 及其以下、电流等级 200 A 以下的电路中，起短路保护作用。

3. 封闭式熔断器

封闭式熔断器分有填料熔断器和无填料熔断器两种。有填料熔断器一般用方形瓷管，

内装石英砂及熔体，分断能力强，用于电压等级 500 V 以下、电流等级 1 kA 以下的电路中。无填料密闭式熔断器将熔体装入密闭式圆筒中，分断能力稍小，用于电压等级 500 V 以下、电流等级 600 A 以下电力网或配电设备中。

4. 快速熔断器

快速熔断器主要用于半导体整流元件或整流装置的短路保护。由于半导体元件的过载能力很低，只能在极短时间内承受较大的过载电流，因此要求短路保护具有快速熔断的能力。快速熔断器的结构和有填料封闭式熔断器基本相同，但熔体材料和形状不同，它是以银片冲制的有 V 形深槽的变截面熔体。

5. 自复熔断器

自复熔断器采用金属钠作熔体，在常温下具有高电导率。当电路发生短路故障时，短路电流产生高温使钠迅速汽化，气态钠呈现高阻态，从而限制了短路电流。当短路电流消失后，温度下降，金属钠恢复原来的良好导电性能。自复熔断器只能限制短路电流，不能真正分断电路，其优点是不必更换熔体就能重复使用。

在城市轨道车辆上多采用封闭式熔断器，使其完全封闭在壳内，没有电弧火焰喷出，不会产生飞弧从而危及人身安全及损坏电气设备，且可提高分断能力。城轨车辆常用熔断器如图 3-4-2 所示。

图 3-4-2　城轨车辆常用熔断器

（二）熔断器的工作原理

熔断器的熔断过程一般可分为 4 个阶段：

（1）通过故障电流而发热达到熔化温度的阶段。这个阶段所需的时间与通过熔体的故障电流值有关，故障电流值越大，这个时间就越短。

（2）熔体熔化和蒸发阶段。熔体达到熔化温度后继续吸收热量而熔化和蒸发，这个阶段的时间也与通过熔体的故障电流值有关，故障电流越大时间越短。

（3）间隙击穿和电弧产生阶段。熔体蒸发后出现间隙，其中充满金属蒸气，金属蒸气很快被游离而出现电弧，这段时间极短。

（4）电弧燃烧和熄弧阶段。这个阶段时间的长短和电流的大小及熔断器的熄弧能力有关，熄弧能力越强，则燃弧时间就越短。但电弧熄灭时不允许产生危害电气设备的过电压。

因此，熔断器的保护特性必须处于被保护电气设备的允许过载特性之下，才能起到可靠的保护作用。保护特性是熔断器的一个重要特性，另一个重要参数是分断能力，分断能力表示熔断器能断开的最大短路电流能力。

（三）熔断器的技术参数

额定电压：指熔断器长期工作和分断后能够承受的电压，其值一般等于或大于电气设备的电压。

额定电流：设备部件温升不超过规定值时所能承受的电流。

极限分断能力：指熔断器在规定的额定电压和功率因数（或时间常数）的条件下，能分断的最大电流值。在电路中能出现的最大电流值一般是指短路电流值。所以，极限分段能力也反映了熔断器分断短路电流的能力。

二、熔断器的检修与测量

（一）熔断器的检修

（1）检查熔断器和熔体的额定值与被保护设备是否相匹配。

（2）检查熔断器外观有无损伤、变形，瓷绝缘部分有无闪烁放电痕迹。

（3）检查熔断器各接触点是否完好、接触紧密，有无过热现象。

（4）检查熔断器的熔断信号指示器是否正常。

（二）熔断器的测量

1. 测量熔丝管

测量时，万用表置于“$R\times1$”挡或“$R\times10$”挡，两表笔（不分正、负）分别与被测熔丝管的两端金属帽相接，其阻值应为“0 Ω”，如图 3-4-3 所示。若阻值为无穷大（表针不动），说明该熔丝管已熔断。若有较大阻值或表针指示不稳定，说明该熔丝管性能不良。

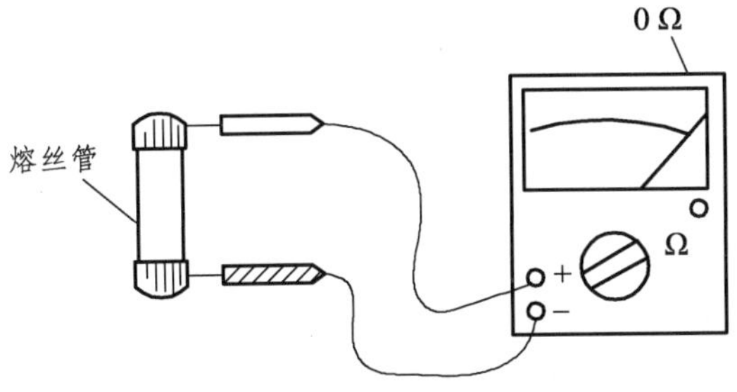

图 3-4-3　熔断器的通断测试

2. 测量熔断器结构

主要是测量熔断器的各个连接点是否接触良好，两端点熔丝间是否有短路现象，检查熔断器底座和上盖（安装架、瓷帽）等有无裂缝等缺陷，熔丝管装入熔断器后有无松动现象。

3. 测量熔断指示电路

测量熔断指示电路时，可用万用表分别测量降压电阻 R 和氖泡：降压电阻 R 的阻值应为 100 ~ 200 kΩ，如图 3-4-4 所示；氖泡的阻值应为无穷大（表针不动），如图 3-4-5 所示。

4. 测量熔断电阻

根据熔断电阻的阻值将万用表置于适当挡位，两表笔（不分正、负）分别与被测熔断电阻的两引脚相接，其阻值应基本符合该熔断电阻的标称阻值。若阻值为无穷大（表针不动），说明该熔断电阻已熔断；若阻值出入过大或表针指示不稳定，说明该熔断电阻性能不良。

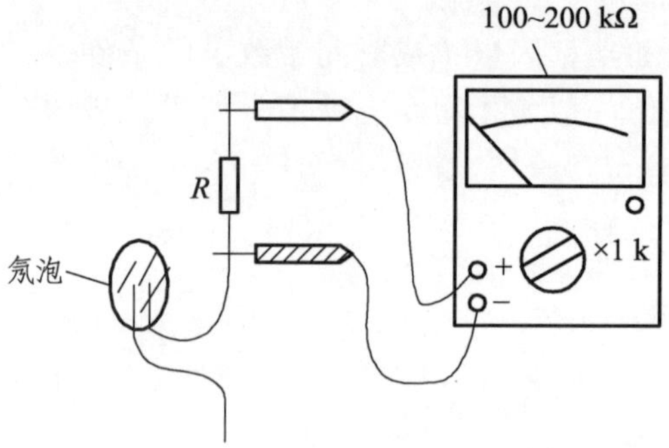

图 3-4-4　检测降压电阻

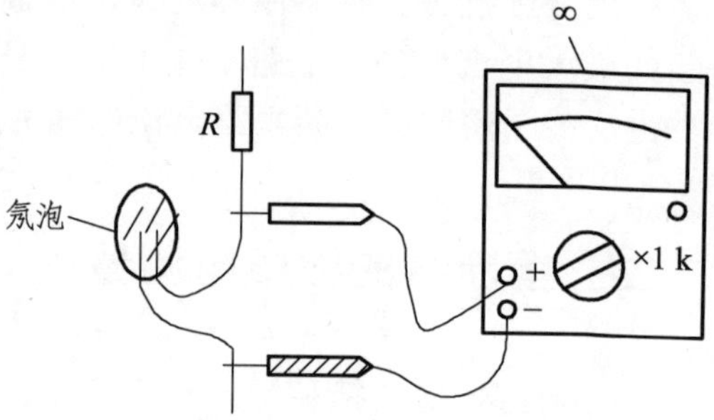

图 3-4-5　熔断器的通断测试

三、熔断器常见故障及处理方法

表 3-4-1　熔断器故障表

故障现象	原因	处理方法
熔断器故障	熔断器电阻值偏大	测量熔断器电阻值，电阻值偏差大于 10%就需要更换，电阻值见其使用手册； 故障排除后进行高压测试，高压电器箱网压输出正常即可

四、知识拓展——熔断器与断路器的区别

断路器，俗称“空气开关”，也是一种短路保护电器，当过流时，它会自动跳闸，起到保护作用。

熔断器与断路器都能实现短路保护。熔断器的原理是利用电流流经导体会使导体发热现象，达到导体的熔点后导体会融化并断开电路，保护用电器和线路不被烧坏。其过程是热量的一个累积过程，所以也可以实现过载保护。一旦熔体烧毁就要更换熔体。

断路器也可以实现线路的短路和过载保护，不过原理与熔断器不一样，它是通过电流底磁效应（电磁脱扣器）实现断路保护，以及通过电流的热效应实现过载保护（不是熔断，不用更换器件）。实际中，当电路中的用电负荷长时间接近所用熔断器的负荷时，熔断器会逐渐加热，直至熔断，即熔断器的熔断是电流和时间共同作用的结果，起到对线路进行保护的作用，它是一次性的；而断路器在电路中的电流突然加大并超过断路器的负荷时，会自动断开，它是对电路出现瞬间大电流的保护，例如漏电很大、短路或瞬间电流很大时。当查明原因并解决后，就可以合闸继续使用断路器。正如上面所说，熔断器的熔断是电流和时间共同作用的结果，而对于断路器，只要电流一过其设定值就会跳闸，作用时间几乎可以不用考虑。断路器是现在低压配电中常用的元件。

任务考核

表 3-4-2　任务考核单

任务名称：熔断器的检修					
专业	课程	班级	姓名	学号	考核
作业准备	列车处于静止状态				
安全要点	穿好劳动防护用品，戴好安全帽，注意用电安全；非作业人员在安全距离外				

一、知识总结

问题 1：熔断器的基本结构有哪些？

____

问题 2：熔断器的工作原理是什么？

____

二、操作运用

操作 1：完成熔断器拆装及检测的全过程。

拆装过程若出现故障，请填写：

故障原因：

____

续表

处理措施：

操作 2：绘制熔断器的图形符号。

名称	插入式熔断器	螺旋式熔断器	封闭式熔断器	快速熔断器	自复熔断器
应用范围	380 V 及以下				
作用	配电支线或电气设备的短路保护				

操作 3：完成熔断器的测量。

测量项目 1	测量值 1	测量值 2	测量值 3	使用工具
熔丝管测量				
分析				
结果				
说明	测得数据保留到小数点后两位			

测量项目 2	测量值 1	测量值 2	测量值 3	使用工具
熔断指示电路通断测量				
分析				
结果				
说明	测得数据保留到小数点后两位			

测量项目 3	测量值 1	测量值 2	测量值 3	使用工具
熔断电阻测量				
分析				
结果				
说明	测得数据保留到小数点后两位			

三、任务小结

收获：

失误：

四、成绩评定

评价等级	知识掌握	过程操作	团队协作	自主学习
指导老师（签字）		日期		

参考文献

[1] 李怀俊．城市轨道交通车辆电气结构与检修[M]．北京：电子工业出版社，2014.

[2] 王艳荣．城市轨道交通车辆电气检修[M]．2 版．上海：上海科学技术出版社，2014.

[3] 刘敏．城市轨道交通车辆电气设备检修[M]．北京：人民交通出版社，2016.

[4] 张立常，康鹏．城市轨道交通车辆电路分析与电气故障处理[M]．北京：机械工业出版社，2014.

[5] 康鹏，苗吉祥．城市轨道交通车辆电气结构与维修[M]．北京：机械工业出版社，2012.

参考文献